AF269567

Iniciación a la Práctica del Péndulo

Arte y técnica de la radiestesia

3ª edición: diciembre 2025

Título original: INITIATION À LA PRATIQUE DU PENDULE

Traducido del francés por Luisa Lucuix

Diseño de portada: Editorial Sirio, S.A.

Diseño y maquetación de interior: Toñi F. Castellón

© de la edición original
2017, Éditions Trajectoire

© de la presente edición
EDITORIAL SIRIO, S.A.
C/ Rosa de los Vientos, 64
Pol. Ind. El Viso
29006-Málaga
España

www.editorialsirio.com
sirio@editorialsirio.com

I.S.B.N.: 978-84-18000-00-3
Depósito Legal: MA-1187-2019

Impreso en Imagraf Impresores, S. A.
c/ Nabucco, 14 D - Pol. Alameda
29006 - Málaga

Impreso en España

Puedes seguirnos en Facebook, X, YouTube e Instagram.

Pierre **D'Arzon**

Iniciación a la Práctica del
Péndulo

Arte y técnica de la radiestesia

ÍNDICE

PREFACIO

El interés por la radiestesia, o ciencia del manejo del péndulo y de las varillas, crece entre el gran público, pero, aunque se trata de un interés justificado, también deja entrever una profunda incertidumbre en cuanto al futuro de nuestra sociedad tecnológica. Es evidente que las transformaciones de la vida rural ocurridas en los siglos pasados y el consecuente desarraigo de los habitantes de las ciudades, los conflictos mundiales que se han sucedido desde entonces, así como el sinsentido de un consumo incesante y de una polución que aumenta exponencialmente acompañada de un efecto invernadero, no refuerzan nuestra confianza en el futuro. Por eso, hoy más que nunca, necesitamos respuestas y tomar decisiones que determinen nuestra vida y la felicidad de nuestros seres queridos. La radiestesia puede ayudarnos.

Nuestro intelecto funciona con ayuda de programaciones establecidas por nuestra educación, el ejemplo de nuestros padres y las influencias de nuestro entorno. Estos datos son los que moldean nuestra personalidad y nos permiten, en la mayoría de los casos, tomar decisiones. Sin embargo, existen numerosas situaciones en las que nuestra mentalidad racional se siente incapaz de tomar decisiones y de prever, salvo en el caso de ciertas personas con una sensibilidad desarrollada. Este tipo de personas puede incluso llegar a *sentir* las situaciones y a acceder a elementos de respuesta a través de una especie de intuición o capacidad para «leer» sus sensaciones. Este don, que todos poseemos en potencia, está esperando a que lo desarrollemos.

La ciencia del péndulo se remonta a la más remota Antigüedad. En las sepulturas egipcias se han encontrado numerosos péndulos de gres y de barro cocido; el museo de Turín reúne más de trescientos tipos de todos los tamaños. En el Neolítico, los chamanes eran capaces de sentir las emisiones telúricas del suelo para trazar así sus redes y emplazar los menhires, con ayuda de varillas y de péndulos. ¡Están todos alineados según las líneas o los cruces de las redes telúricas! En la Edad Media, los monjes constructores heredaron este conocimiento, como atestigua el trazado principal de las iglesias románicas y las catedrales.

A través de las épocas, los zahoríes no solo han determinado el lugar exacto donde cavar pozos, sino también el plano de implantación de los edificios, guiando a los arquitectos en la construcción de casas saludables. Los zahoríes chamanes o curanderos son capaces de adivinar lo que subyace bajo las apariencias porque han desarrollado su capacidad de percepción.

Como podemos constatar, la radiestesia forma parte de nuestra cultura, pero se ha visto olvidada y ocultada por el aumento de un racionalismo científico que, si no tenemos cuidado, nos desconecta de nuestra capacidad mental intuitiva. Hemos de permitir que crezca en nuestro interior esta aptitud para percibir las energías y para describir nuestras sensaciones en términos claros; es una necesidad.

La utilización del péndulo está al alcance de todo el mundo. Si eres principiante, puedes lograrlo tras unas horas de práctica. Por supuesto, una mayor experiencia confirmada con numerosos éxitos hará que tus lecturas sean más exactas, pero lo más importante es «creer en tu capacidad para descubrir» lo que se esconde tras el velo de la forma. La forma humana y el mundo formal que la rodea solo son las manifestaciones de distintos niveles de realidad más sutiles, en esta dimensión visible. La tradición espiritual europea o asiática generalmente definen un cierto número de cuerpos sutiles que han precedido la formación del cuerpo físico. Lo que sentimos en el cuerpo físico es el espejo de nuestra intuición y de nuestra naturaleza espiritual.

Cuando hagas una pregunta con el péndulo, tu mente debe permanecer en silencio y no interferir. En el mismo momento, tu cuerpo físico va a vibrar con la respuesta y crear una sensación, una percepción. En efecto, el péndulo, que es la prolongación de tu mano, va a poder revelar ante tus ojos la respuesta dada por tu cuerpo. Los médicos y, sobre todo, los kinesiólogos saben que el cuerpo no miente. Debes confiar plenamente en tu intuición y en tu capacidad para revelarla con el péndulo. La menor duda que pueda infiltrarse en ti y mermar esta confianza volvería tus pruebas imprecisas. Recuerda que tu cuerpo físico es la antena de recepción del mensaje emitido por tu mente.

Existen numerosos tipos de péndulos, de todas las formas y materiales: madera, latón, barro cocido, plata, cristal de roca o minerales diversos. Esta obra tan completa te presenta una amplia colección de distintos modelos con una ficha técnica que guiará tu elección y mejorará tus capacidades. Sin embargo, más allá del tipo de péndulo con el que trabajes, «tú» eres el receptor de la información; el péndulo es una prótesis, un bastón para los ciegos que somos. Es importante comprender que no son nunca las energías de aquello que ponemos a prueba lo que hace que el péndulo se mueva en un sentido u otro, sino, al contrario: el péndulo lo que hace es amplificar la respuesta del cuerpo y del alma.

El deseo que pido para ti y para el resto de los lectores y especialistas es que desarrolles una clarividencia de los distintos niveles de la realidad con ayuda de este bastón de ciego hasta el día en el que puedas hacerlo de manera directa. Será entonces la prueba de que tu sensibilidad y tu percepción interior se han vuelto más agudas. La lectura de esta obra imprescindible te dará las mejores bases para ayudarte a ti mismo y a los demás en todas las áreas.

Dominique Coquelle

Capítulo 1

EL DESCUBRIMIENTO DEL PÉNDULO

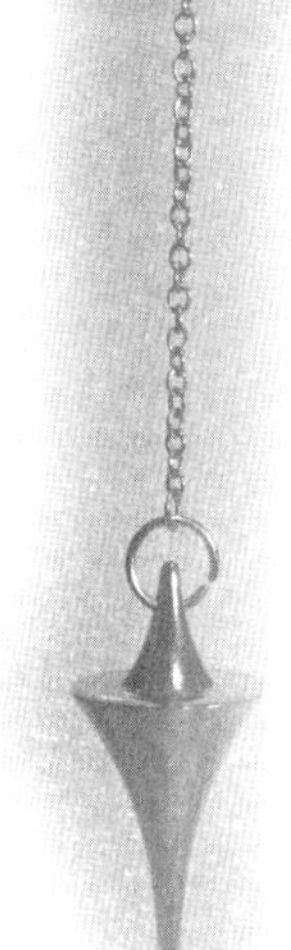

EL PÉNDULO

Existen más de cuatro mil tipos de péndulos diferentes, en función del material del que están hechos y de su forma. La elección es difícil, por tanto, sobre todo para el principiante que desea comprar su primer péndulo y dar sus primeros pasos en radiestesia, un momento siempre inolvidable.

El objetivo de este capítulo es guiarte, querido lector, como comprador en potencia de ese primer péndulo y de los que hayan de venir, porque terminarás comprándote más, tenlo por seguro, a medida que «progreses» como radiestesista. Tus progresos, por una parte, y la diversificación de tus búsquedas, por otra, harán que debas ir adquiriendo distintos péndulos en función del uso específico que exija cada búsqueda. De la misma manera que sería inimaginable para un mecánico arreglar un coche con una sola herramienta, para el radiestesista confirmado que se entrega a su pasión por la radiestesia es impensable trabajar siempre con el mismo péndulo.

Definición

El diccionario Larousse ofrece la definición siguiente: «El péndulo es un instrumento de radiestesia que consiste en una pequeña masa de un cuerpo grave, suspendida de un hilo o de una cadenita cuyo extremo opuesto sujeta con los dedos el radiestesista».

Lo esencial queda dicho en pocas palabras. Pero, en realidad, la oferta de péndulos es tan considerable que las cosas son algo más complicadas.

La compra del primer péndulo

Para alguien que desea iniciarse en radiestesia, la compra de un primer péndulo se asemeja a la compra del primer coche cuando nos acabamos de sacar el carné de conducir. Antes de adquirir un Ferrari o un Porsche (suponiendo que se tengan los medios)…, ¡mejor empezar por un Clio! Es evidente que, para un conductor principiante, el Ferrari sería difícil (incluso imposible) de conducir y acabaría en la cuneta. Para el radiestesista principiante, un *péndulo 7 chakras* o un *péndulo egipcio* son imposibles de manejar, estaría abocado al fracaso. Sé razonable. Cuando entres en la tienda, no te precipites sobre el péndulo que más brille o que tenga una forma más extravagante.

Cada cosa a su tiempo. Ya llegará el día en el que puedas comprarte un péndulo de ese tipo. Primero, y es normal, debes adquirir práctica con la radiestesia. ¿Te imaginas negarte a aprender a tocar el piano si no es con uno de cola? Un piano de pared basta para comenzar. En ese sentido, el aprendizaje del piano y el de la radiestesia requieren un mismo procedimiento, una misma progresión con un imperativo: jamás saltarse una etapa, o se corre el riesgo de desanimarse ante la primera dificultad.

Dicho esto, ¿qué péndulo elegir? Los radiestesistas iniciados comparten una opinión muy significativa al respecto: «Tú no eres el que elige: deja que el péndulo te elija a ti». Y, sí, es así de sencillo: tiene que haber química entre el péndulo y tú, esto es imperativo, porque juntos seréis como un solo «cuerpo». Entre el radiestesista y el péndulo, el vínculo es fuerte, sólido, inalterable. Podemos decir que se da una verdadera complicidad entre el péndulo y el hombre que lo sujeta entre el índice y el pulgar. Una armonía.

Esa es la razón por la que la tradición recomienda que compremos nuestro péndulo nosotros mismos, en lugar de que nos lo regalen. No hay nada más «personal» que un péndulo… aparte de un cepillo de dientes. Esto último era una broma, pero ilustra bien la intimidad que ha de darse entre hombre y péndulo. De modo que ¿qué primer péndulo elegir? Antes de responder a esta pregunta (paciencia…), es importante definir las dos grandes categorías en las que se clasifican.

Péndulos receptores y péndulos emisores

En radiestesia distinguimos dos tipos de péndulos:

Los péndulos llamados «receptores», que son neutros: su función es captar las radiaciones y las energías emitidas por el objeto de la búsqueda, sin modificarlas y sin influir en ellas, de ahí su neutralidad.

Los péndulos llamados «emisores», que son activos: estos están dotados de una «carga energética ondulatoria», ya sea por el material del que están hechos, ya sea por su forma (a menudo por ambas cosas, materia y forma), que hace que sean activos en la búsqueda que realiza el radiestesista. Esta propiedad es esencial en el área de la radiestesia médica (y en otras aplicaciones), puesto que un péndulo emisor es capaz de reorientar los flujos energéticos, reprogramar las disfunciones, regenerar, revitalizar y devolver la armonía.

Como es natural, el principiante elije siempre péndulos receptores, no emisores. En radiestesia, al igual que en muchas otras áreas de la actividad humana, *no hay que empezar la casa por el tejado*. Para entrenarse como radiestesista, únicamente conviene un péndulo neutro, receptor, debido a su simplicidad y a la claridad con la que reacciona a las preguntas que se le hacen, por la legibilidad de sus movimientos. La adquisición de un péndulo emisor no tiene cabida antes de finalizar el aprendizaje y la formación, porque la complejidad que caracteriza a este tipo de péndulos solo es accesible para el radiestesista confirmado.

La diversidad de los péndulos condiciona, por tanto, su elección. Sigamos avanzando en la comprensión de esta diversidad centrándonos ahora en los distintos materiales con los que pueden elaborarse.

Diversidad de materiales

Se utilizan *mil* materiales distintos en la fabricación de los péndulos. A veces son de lo más incongruentes, como por ejemplo el marfil (algo incomprensible, teniendo en cuenta la «carga» fúnebre de este material al implicar la necesaria muerte de un animal para su obtención) o el mercurio (otra anomalía, cuando pensamos en lo altamente contaminante que es).

Los péndulos que más se comercializan se fabrican principalmente a partir de los siguientes materiales:

- **Madera**: se trata del material más neutro que existe. Es el material por excelencia de los péndulos receptores más corrientes. Se utiliza principalmente la de boj, madera noble de los celtas, pero también la de árboles frutales como el cerezo, el ciruelo o el limonero, sin olvidar las maderas exóticas como el ébano o el palisandro.
- **Metal**: la radiestesia «clásica» tradicional emplea este material. Antiguamente, la mayoría de los péndulos eran de metal, pero hoy en día su presencia en el mercado tiende a disminuir sensiblemente por una razón lógica: en nuestro entorno contemporáneo, sometido a constantes y omnipresentes radiaciones electromagnéticas, el metal

no tiene toda la neutralidad que requiere la radiestesia receptora.

- **Vidrio**: desde hace una veintena de años, el vidrio está ganando terreno en radiestesia gracias a la forma pura y límpida del cristal (Bohemia, Daum, Baccarat...). Este material tiene la ventaja de que se puede tallar fácilmente de muchas formas distintas para fabricar péndulos originales.
- **Cristal de roca**: no hay que confundirlo con el material que acabo de citar, que *solo* es vidrio. El cristal de roca es un mineral natural de la corteza terrestre, el cuarzo, en su estado más puro. El potencial vibratorio del cristal de roca es de una sutileza incomparable, capaz de entrar en resonancia con el organismo humano para regular la circulación de la energía. Le dedicaré un apartado más adelante.
- **Minerales**: aparte del cristal de roca, «estrella» de la radiestesia actual, la tendencia *New Age* explica el éxito justificado de algunos minerales en la fabricación de péndulos especialmente indicados para el área de la radiestesia médica: ojo de tigre, jade rojo, aventurina, labradorita, amatista, sodalita...

Como es lógico, un principiante elegirá, pues, un péndulo de madera mejor que uno de ojo de tigre, por ejemplo, pero también puede comprarse un primer péndulo de metal o de cristal si su forma es sencilla. Porque la forma cuenta tanto como la materia.

Diversidad de formas

Empezando por la forma más sencilla para llegar a la más original y elaborada, distinguimos:

- **Esférica**: no hay nada más perfecto geométricamente hablando que nuestro planeta Tierra, perfectamente simétrico bajo todos sus ángulos. Esta es, pues, la forma más «clásica» y elemental de los péndulos.
- **Cónica**: tiene la ventaja de su sensibilidad receptora, de la rapidez de su puesta en movimiento, de su manejabilidad. Algunos péndulos poseen una forma bicónica, con dos conos superpuestos, más sensible aún que el modelo de cono único.
- **«De gota de agua»**: se trata de un término medio, de una esfera prolongada por una parte terminal puntiaguda. La «punta» permite una gran precisión en el trabajo con mapas, planos, cuadrantes o láminas de anatomía. De forma general, los péndulos puntiagudos son más precisos que los demás y muy apreciados para ciertos trabajos minuciosos.
- **«Egipciana»**: esta maravillosa forma, que se ha convertido en un «estándar» de la radiestesia contemporánea, es poderosamente emisora de ondas. Por eso, tiene múltiples aplicaciones, en particular en el área médica y del *feng shui*.
- **«De anillos»**: consistente en siete anillos superpuestos, se utiliza para trabajar con la circulación de la energía por el organismo a través de los siete chakras, que son los centros de propagación y que

albergan, muy a menudo, los nudos que provocan los bloqueos.

- **Otras formas**: en forma de peonza, «arquitecto» o «del constructor»… Existe todo un abanico de formas originales.

Los péndulos con testigo son una categoría aparte, porque los hay de distintas formas: son aquellos a los que se les puede desenroscar el cuerpo para alojar dentro una muestra del objeto de la búsqueda (más adelante les dedico un apartado).

Parece claro que la mejor elección que puede hacer un principiante en radiestesia a la hora de adquirir su primer péndulo sería uno de madera de boj y forma esférica.

Cómo purificar los péndulos

Los péndulos necesitan un mantenimiento particular para purificarlos entre un trabajo de búsqueda y el siguiente.

Los péndulos de madera, por su neutralidad receptora, son los más sencillos de mantener; basta con pasarles un paño de lana. Para «recargarlos» antes de volver a usarlos, basta darles un pequeño toque contra la mesa de trabajo. Lo mismo en el caso de los péndulos de metal.

Los péndulos de cristal deben enjuagarse con agua fría después de cada utilización. Sin embargo, no hay que darles ningún golpe, son muy frágiles. Con enjuagarlos es suficiente.

Los péndulos de cristal de roca, por su parte, necesitan cuidados especiales y minuciosos:

- Una vez por semana, deben sumergirse en un baño de agua pura y fría.
- Varias horas al mes, deben exponerse a la luz del sol para recargarlos de energía yang.
- Cada mes, durante una noche entera, antes o durante la luna llena, hay que exponerlos a las radiaciones lunares, para recargarlos de energía yin.

Cómo guardar los péndulos

Un péndulo no debe guardarse en cualquier sitio ni de cualquier manera. Por ejemplo, los péndulos que terminan en punta no deben llevarse encima permanentemente, porque la propagación de la onda podría afectar a las células que se encuentren en su trayectoria.

El péndulo ha de conservarse en casa, protegido, en un mueble de uso personal. Si debemos desplazarnos y llevarlo con nosotros para trabajar con él, lo transportaremos en una pequeña bolsita de tela negra (o de cuero) para volver a colocarlo en su sitio inmediatamente después de volver. Los péndulos frágiles, como los de cristal, pueden romperse si les damos un golpe y deben protegerse todavía mejor que los demás.

Un último punto que debo remarcar antes de concluir este apartado introductorio es que un péndulo no se presta. Es personal. Tu péndulo no debe utilizarlo nadie más que tú. ¡Cada cual su péndulo!

¿CÓMO SUJETAR UN PÉNDULO?

La sujeción del péndulo es clave para el éxito en radiestesia. Muchos principiantes fracasan por no tomarse la molestia de seguir las recomendaciones más básicas en la materia y desarrollar malos hábitos.

No hay mil formas de sujetar un péndulo. Hay una única forma adecuada de hacerlo y algunas otras que no lo son. Así que mejor reducir al mínimo las posibilidades de error aprendiéndonos la lección básica del radiestesista: la sujeción del péndulo.

Para empezar, y puede parecer evidente pero no está de más insistir en ello, se debe sujetar el péndulo con la «mano activa»:

* La mano derecha para los diestros.
* La mano izquierda para los zurdos.

Algunos radiestesistas muy experimentados, para acciones muy precisas del área del ocultismo y con el pretexto de que la mano derecha está relacionada con el lado izquierdo del cerebro y la izquierda con el derecho, utilizan una mano u otra, según el caso. Esto no te concierne como lector de este libro, ya que lo que persigues es una pedagogía *clásica* de la radiestesia. Haz las cosas de manera sencilla y natural.

Hay que considerar dos situaciones en lo que a la sujeción del péndulo se refiere:

* Cuando se trabaja en el exterior, se está de pie, erguido y derecho, con los pies ligeramente separados,

para conseguir un buen anclaje telúrico. De espaldas al norte y de cara al sur. Este último punto es absolutamente fundamental: cualquier trabajo en el exterior necesita la utilización de una brújula para poderse colocar en el sentido correcto de circulación del flujo magnético terrestre. Debe haber sincronización entre los movimientos del péndulo y el sentido de propagación del magnetismo terrestre, que es norte-sur. Para más información, consulta el capítulo dos del libro de Jean-Paul Jacquemet, *Les aimants, clés du bien-être* [Los imanes, clave del bienestar].*

- Cuando se trabaja en el interior (y sin tener en cuenta el uso específico del péndulo para el *feng shui*, que requiere un desplazamiento de habitación en habitación), el trabajo se realiza sentado en una silla. Es mejor que un sillón, pues podríamos acomodarnos y perjudicar la calidad del trabajo y la concentración. Hay que mantener el busto muy derecho, de espaldas al norte (tanto en el interior como en el exterior ha de mantenerse la armonía con el magnetismo terrestre). Es esencial trabajar sobre una mesa baja, por la razón que mostraré más adelante sobre la posición del brazo. Las piernas y los pies deben estar ligeramente separados, estos últimos bien apoyados en el suelo. Hay que evitar dos errores cuando se está sentado:

---

* Este libro no ha sido traducido a nuestro idioma, pero se puede encontrar fácilmente literatura en castellano al respecto.

- Cruzar las piernas: en ningún caso debe hacerse, debido, una vez más, a la importancia de mantener la neutralidad en el trabajo de radiestesia. Las piernas cruzadas no son «neutras», sino que expresan una vivencia que no debe interferir en los movimientos del péndulo.
- Dejar las piernas colgando, ya que es necesario que nos anclemos al suelo.

La mano es la prolongación del brazo. De manera que la primera pregunta que nos hacemos es la siguiente: ¿cuál es la posición ideal del brazo? El brazo debe estar ligeramente separado del cuerpo, hacia delante, con el codo *libre*. La parte superior (desde el hombro hasta el codo) debe posicionarse de forma que el antebrazo (desde el codo hasta la muñeca) quede paralelo al suelo, es decir, perpendicular al busto.

La posición debe ser:

- Flexible.
- Sin tensión muscular.
- Sin crispación.

Cuando se trabaja de pie, esta posición del brazo es fácil de mantener. Pero siempre que se trabaja sentado a una mesa, se corre el riesgo de colocar mal el brazo y, por tanto, no obtener resultados. El riesgo es mayor en radiestesia médica, puesto que las sesiones pueden llegar a durar mucho tiempo, al consultar una a una las láminas de anatomía y luego, uno a uno, los cuadrantes.

Cuidado con las malas posturas:

* El codo apoyado en la mesa: NO, nunca, porque el antebrazo debe estar paralelo al suelo. Si se apoya el codo en la mesa, el antebrazo forma obligatoriamente un ángulo con el suelo.
* El brazo extendido sobre la mesa: NO, porque, aunque esté paralelo al suelo, implica que hay que elevar exageradamente la muñeca para poder trabajar con un largo de cadena suficiente y ese movimiento articular contra natura produce una crispación, una tensión muscular que es fuente de fracasos.

Cuando tratan la sujeción del péndulo, la mayoría de las obras no se ocupan de un aspecto que, sin embargo, tiene su importancia: ¿qué hacer con el *brazo libre*, es decir, aquel con el que no se está sujetando el péndulo?

Cuando se trabaja de pie, en el exterior o en el interior para consultas de geobiología (lo cual implica circular por la casa), hay dos soluciones:

* Si se trabaja sin testigo, el brazo libre permanece extendido a lo largo del cuerpo en una posición natural, con la palma de la mano contra la pierna, la mano entreabierta y los dedos ligeramente separados. Cuidado, el pulgar y el índice no deben tocarse en este caso (al contrario que ocurre con la mano que sujeta el péndulo) para no crear una polaridad que interfiera en la experiencia.

- Si se trabaja con testigo (explicaré el término más adelante), la mano libre funciona como una antena, apuntando con el índice.

Cuando se trabaja sentado y sin testigo, la mano libre debe reposar en el muslo, lo más relajadamente posible, con la palma hacia abajo, la mano entreabierta y los dedos separados. Con testigo, el índice sirve de antena en el trabajo con mapas, tablas o cuadrantes.

Ocupémonos ahora de la mano que sujeta el péndulo.

La posición natural de la mano en radiestesia es la llamada «en cuello de cisne»: la cadena del péndulo queda sujeta entre el pulgar y el índice, ambos apuntando al suelo, mientras que el resto de los dedos se doblan de forma que el sobrante de la cadena quede «recogido» en la palma de la mano cerrada (aunque sin crispación ni tensión).

Cuidado: la cadena no debe pasarse por encima del índice ni enrollarse en un dedo. Debe quedar sujeta *entre* el pulgar y el índice.

Y no puedo dejar de hablar en este capítulo del largo de la cadena, que tiene su importancia en los movimientos del péndulo, pues es un parámetro relevante en lo referente a su sensibilidad. Cuando se busca información al respecto en las distintas obras que tratan el tema de la radiestesia, se queda uno perplejo. ¡Algunos autores aconsejan una longitud de veinte a veinticinco centímetros, otros de quince, otros de diez, otros de siete y otros de entre uno y tres centímetros! ¡No se entiende nada! ¿Cómo explicar tales diferencias?

La respuesta a esta pregunta es de sentido común: cuando se empieza, hay que darle un largo a la cadena que sea lo suficientemente importante para que el péndulo se ponga en movimiento. Desafío a cualquier radiestesista que esté empezando a iniciar un movimiento, aunque sea mínimo, utilizando una longitud de cadena de entre uno y tres centímetros, como a veces leemos por ahí. Personalmente, aconsejo:

- Para principiantes, un largo de quince centímetros.
- Para radiestesistas confirmados, alrededor de siete centímetros.
- Para los «iniciados» (en ciertos trabajos), tres centímetros pueden bastar.

Pronto, a medida que se adquiere experiencia, se puede ir acortando el largo de la cadena del péndulo. Por supuesto, no se corta la cadena: el sobrante que se guarda en la palma de la mano aumentará a medida que se acorta la parte de la cadena que queda suspendida.

Llegados a este punto, has elegido el péndulo y sabes cómo sujetarlo. Ha llegado el momento de observar su movimiento.

Buena posición

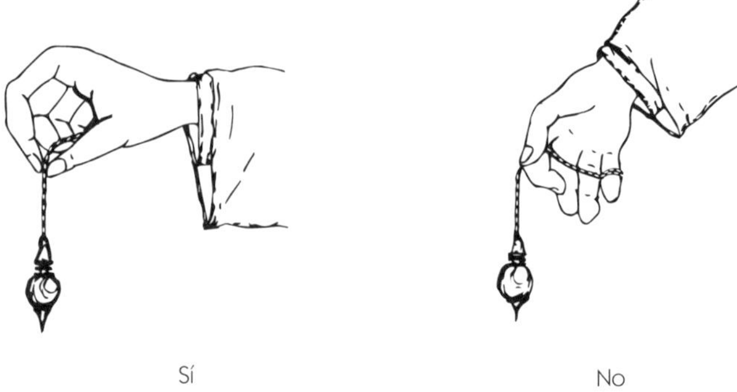

Sí   No

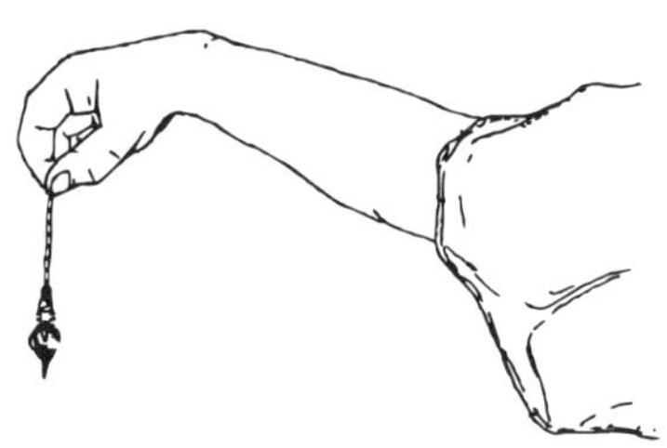

La posición es buena, pero la
cadena debe ser más larga

Malas posiciones

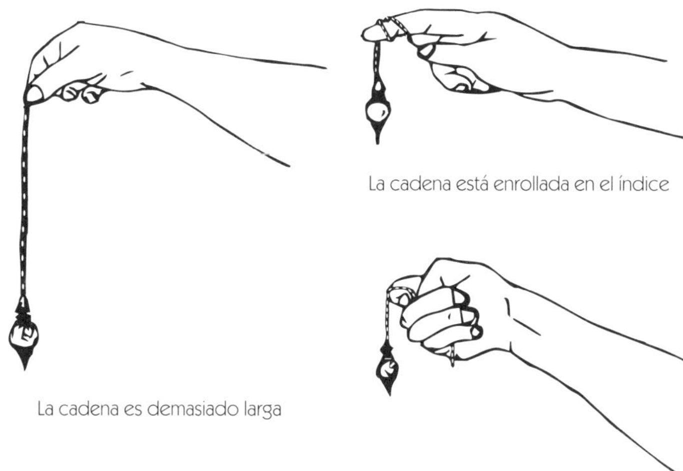

La cadena está enrollada en el índice

La cadena es demasiado larga

La cadena pasa por encima del índice

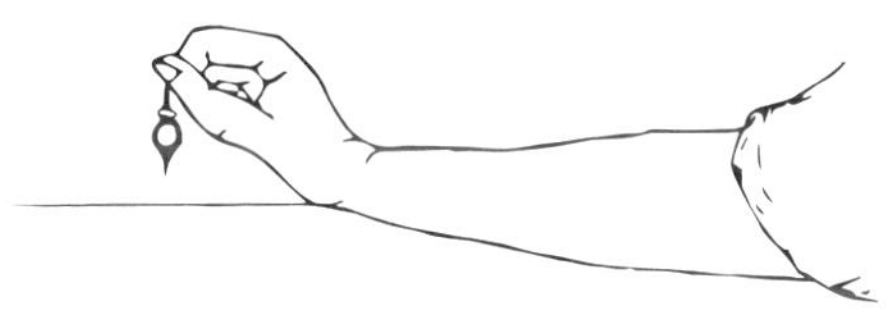

Se ha apoyado el brazo en la mesa

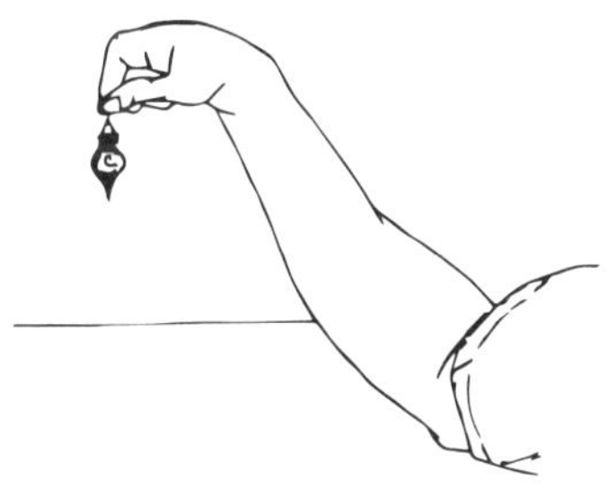

Se está apoyando el codo

LA CONVENCIÓN MENTAL

Todos los péndulos tienen algo en común. Sea cual sea el material del que están hechos, sea cual sea la forma, todos tienen un funcionamiento binario, sin excepción. Esto significa que entran en movimiento en respuesta a una pregunta que se haga con claridad:

- Movimiento de rotación hacia la derecha, en el sentido de las agujas del reloj.
- Movimiento de rotación hacia la izquierda, en el sentido contrario al de las agujas del reloj.

Por supuesto, puede haber otros movimientos pendulares:

- Oscilación paralela al cuerpo.
- Oscilación perpendicular.
- Oscilación oblicua derecha.
- Oscilación oblicua izquierda.
- Movimiento elíptico, vacilante entre la rotación y la oscilación.

O bien puede haber inmovilidad:

- Porque el péndulo se niegue a comenzar.
- Porque el péndulo se frene en seco en medio del trabajo.

Una vez más, y esto es esencial, si la pregunta se ha hecho de forma clara (consulta el capítulo que trata este tema), con absoluta neutralidad (también hay un apartado dedicado a este tema capital), no puede haber ninguna ambigüedad, ninguna alternativa: o el péndulo gira hacia la derecha o el péndulo gira hacia la izquierda.

Hay muchas obras de radiestesia que no hablan nunca de rotación, sino de «giramiento»,[*] como si este término, en desuso a mis ojos, estuviera ligado a la radiestesia, lo cual no es el caso, sin embargo. La palabra *giramiento* deriva del verbo *girar*. La misma raíz la encontramos en *girada* y cuando hablamos del sentido *giratorio* de una rotonda. Personalmente, no me parece pertinente utilizar esta palabra, porque nuestro enfoque de la radiestesia es decididamente contemporáneo, y esto implica hacer una limpieza en el vocabulario relacionado de todas las expresiones utilizadas por posiciones más retrógradas para alimentar el oscurantismo demasiado a menudo ligado a la radiestesia; y ese no es nuestro propósito. Por tanto, en esta obra no utilizaré el término *giramiento*, sino el término *rotación*.

Volviendo al carácter binario del movimiento pendular, si no hay rotación es que no has hecho bien la pregunta o que todavía no te encuentras en el estado mental o físico de trabajar con el péndulo. Debes, pues, reformular tu pregunta o retomarlo más tarde.

Una vez establecido este principio del funcionamiento binario, es importante que sepas a qué corresponde la

---

[*] El autor se refiere a obras en francés. No es un término que se utilice en la literatura sobre el tema en nuestro idioma. Sin embargo, el vocabulario de muchos textos en castellano también está algo obsoleto, por eso es pertinente mantener esta declaración de intenciones, aunque no nos atañe de manera directa.

rotación hacia la derecha (llamada «horaria») y la rotación hacia la izquierda o inversa («antihoraria»).

Resumiendo, ¿cuál es para TI el sentido de la rotación que significa SÍ cuando haces una pregunta? ¿Cuál es para TI el sentido de la rotación que significa NO cuando haces la misma pregunta?

Esto se llama en radiestesia «convención mental». Es imperativo establecerla desde el comienzo, en cuanto compramos el péndulo y damos nuestros primeros pasos. ¿Cómo establecer tu convención mental personal? No hay nada más sencillo. Te propongo que pongas una manzana en la mesa, coloques el péndulo tres o cuatro centímetros por encima de ella, en vertical, y hagas la pregunta siguiente: «¿Esta fruta es una manzana?».

A continuación, observa el sentido de la rotación del péndulo. Imaginemos que rota hacia la derecha. Quiere decir que la rotación horaria en tu péndulo significa SÍ. Ahora haz la siguiente pregunta: «¿Esta fruta es una cereza?».

Lógicamente, el péndulo rotará hacia la izquierda, confirmando que la rotación inversa en tu péndulo significa NO.

Ya te lo había dicho, es muy sencillo. Acabas de establecer tu convención mental personal. A partir de ahora, y en adelante:

- Cuando tu péndulo rote hacia la derecha, estará respondiendo SÍ a la pregunta que acabas de hacerle.
- Cuando rote hacia la izquierda, estará respondiendo NO.

Esta convención mental (derecha-sí, izquierda-no) es la de la mayoría de los radiestesistas, pero un pequeño porcentaje de ellos, difícil de precisar (menos del 10 %, con toda seguridad), afirma tener una convención mental inversa (derecha-no, izquierda-sí). Puede que formes parte de esa minoría. La prueba de la manzana te lo confirmará.

Una vez establecida la convención mental, se puede comenzar con las pruebas para entrenarse. En este libro se proponen varias, a título experimental.

LOS TESTIGOS

En radiestesia tenemos que trabajar constantemente con lo que llamamos «testigos». Un testigo es un elemento perfectamente idéntico a aquel sobre el que ejercemos la acción del péndulo o un elemento que entra en resonancia con el objeto (o sujeto) afectado.

Sea cual sea su filiación (directa o por resonancia), distinguimos entre varios tipos de testigo:

Los testigos naturales

Se trata de simples muestras del material buscado. Por dar tres ejemplos, evidentemente no exhaustivos, podríamos decir:

- Un poco de agua, si estamos buscando sobre plano una fuente, antes de emprender una prospección sobre el terreno.

* Una moneda de oro, si lo que buscamos es un tesoro.
* Una perla, si buscamos un collar de perlas que hemos perdido.

Los testigos «por impregnación física»

Son los que se utilizan en radiestesia médica cuando se trabaja a distancia o cuando se está buscando a una persona desaparecida (en este último caso, se utilizaría el cabello que pudiéramos extraer de un peine o de un cepillo para el pelo):

* Un mechón de pelo.
* Otras faneras (pelos, uñas).
* Una muestra de orina (puede ser impregnada sobre papel secante o, en su defecto, sobre un pañuelo de papel).
* Un papel secante o un pañuelo de papel impregnados en sangre (con una gota basta), saliva o sudor.

Los testigos «por impregnación de emanaciones»

Aunque la orina, la sangre, la saliva y el sudor son emanaciones corporales, no entrarían en esta categoría (sino, como acabamos de ver, en la de los testigos por impregnación física), porque, en este caso muy preciso, entendemos por «emanación» aquello que emite con sus vibraciones la persona sujeto de búsqueda (si hubiera desaparecido) o de estudio (en el caso médico). Por tanto, lo más sencillo es elegir algo que esa persona haya llevado puesto de entre las siguientes prendas y objetos:

- Ropa interior, porque habrá estado en contacto directo e íntimo con la piel y conservará en su memoria las vibraciones.
- Un guante, porque la mano posee una fuerte carga simbólica.
- Un pañuelo o una corbata.
- Un objeto personal (joya, si se trata de una mujer, collar, brazalete, anillo o reloj, si se trata de un hombre).

Los testigos fotográficos

Se trata sencillamente de una foto de la persona desaparecida u objeto de la consulta de radiestesia médica. Lo aconsejable es elegir:

- Una foto lo más reciente posible. Si la persona desaparecida (u objeto de nuestra consulta en radiestesia médica) es de *cierta edad*, cuanto más antigua sea la foto, más se complica la cosa. Si el sujeto, por ejemplo, tiene sesenta años, una foto de este de cuando era niño no será de gran ayuda, al contrario que una foto tomada el año anterior, que sí lo sería.
- Una foto en la que la persona esté sola (es lo ideal, mejor que una foto de grupo, porque la presencia de otros individuos *contamina* la identidad propia del sujeto que nos interesa).

- Una foto de cuerpo entero, mejor que otros planos, por el anclaje telúrico y la morfología de conjunto. Pero, en su defecto, una simple foto de carné serviría.

Los «testigos palabra»

Este tipo es, con creces, el más utilizado en radiestesia para cualquier trabajo y, en particular, en radiestesia médica, aunque en este último caso pueda parecer extraño a ojos de los neófitos aprendices. Sin embargo, no es ninguna paradoja.

Un testigo palabra es un trozo de papel en el que el radiestesista escribe el objeto de su búsqueda. Ni más ni menos. Por ejemplo, Marie ha perdido su anillo de amatista y te ha pedido ayuda para encontrarlo (cuando escribo «te», me refiero a ti como radiestesista, aunque principiante).

En este caso concreto, habría tres maneras de redactar el pequeño trozo de papel que te servirá de testigo para encontrarlo:

- Escribir «anillo».
- Escribir «el anillo de Marie».
- Escribir «el anillo de amatista de Marie».

Por supuesto, la tercera opción es mejor que las otras dos por la razón evidente de que, en radiestesia, la búsqueda es más eficaz cuanto más precisa es la forma en la que se hace la pregunta. La redacción ha de ser sencilla y clara: ya lo he dicho antes, ser claro y sencillo en las preguntas es fundamental, y un testigo palabra no escapa a esta regla. Si quisiéramos depurar la formulación del testigo, en lugar de escribir «el anillo de amatista de Marie», escribiremos «anillo, Marie, amatista».

Dos capítulos de esta obra abordan los distintos modos de trabajar con testigos:

- El capítulo cuatro, en el que se habla de los péndulos testigo, cuyo cuerpo se desenrosca para introducir el testigo dentro. Existen de varios tipos. Si se trabaja con un testigo palabra, el trozo de papel se dobla las veces necesarias para que quepa con facilidad dentro del péndulo.
- El apartado sobre los cuadrantes, que permiten trabajar con un testigo en todas las áreas de la radiestesia.

Para evitar la interferencia de las ondas de forma provenientes de los soportes inherentes a los testigos, como siempre en radiestesia, debemos hacer un esfuerzo por depurar las cosas al máximo (nunca me cansaré de decirlo). Así, por tomar el ejemplo anterior del testigo palabra, siempre escribiremos en una hoja blanca. Nada de hojas de cuadros, por la razón comprensible de que la cuadrícula de papel podría provocar ondas de forma inadecuada. Nada de papel de color tampoco, por la misma razón. El testigo se colocará sobre la mesa de trabajo y esta estará cubierta por un mantel blanco o por una hoja blanca de papel.

Algunos radiestesistas trabajan sobre fondo negro. Yo lo desaconsejo formalmente a los radiestesistas principiantes.

Este color debe reservarse para trabajos específicos en el área de la magia y el ocultismo, que solo los radiestesistas muy experimentados pueden emprender, y no los que aún están en fase de formación, como es el caso de la mayoría de los lectores de este libro.

El blanco es el color neutro por excelencia, y en ningún caso interferirá en tu trabajo (al contrario que el negro). Y, lo seguiré repitiendo como un *leitmotiv*, para evitar el fracaso, la neutralidad ha de ser el fundamento de todo lo que emprenda un radiestesista.

LAS PREGUNTAS EN RADIESTESIA

Se trata de un tema primordial: el carácter binario del movimiento pendular implica un planteamiento binario de las preguntas. Suponiendo que tu convención mental sea la de la mayoría de los radiestesistas, la rotación de tu péndulo va a expresar la respuesta a la pregunta que hayas hecho mentalmente:

- Girando hacia la derecha si es un SÍ.
- Girando hacia la izquierda si es un NO.

Cualquier otro movimiento del péndulo (oscilación horizontal, vertical u oblicua) significará que el péndulo duda, no comprende la pregunta. Y no es que dude entre responder SÍ o NO, sino que no entiende lo que le estás preguntando *exactamente.* Una respuesta ambigua por parte del péndulo (ni SÍ ni NO) implica que has de reformular tu pregunta con mayor *exactitud* (la redundancia en este párrafo —exactamente, exactitud…— es voluntaria, ya que se trata de un término clave en el planteamiento de las preguntas en radiestesia).

Para obtener un movimiento del péndulo libre de ambigüedades (rotación hacia la derecha o hacia la izquierda), hay que hacer una pregunta que no sea ambigua. Es tan simple como eso. Te pondré un ejemplo.

Imaginémonos la siguiente escena: tu hijo te ha dicho que quizás te visite este fin de semana. Ha anunciado que tal vez lo acompañe su novia (a la que quiere presentarte) y que puede que vengan en tren o en coche. Te gustaría poder organizar el fin de semana (hacer la compra de la comida, preparar la habitación, organizar el tiempo de ocio, conocer la hora de llegada del tren si finalmente utilizaran este medio…).

Tomas el péndulo y haces la pregunta siguiente: «¿Vendrá mi hijo este fin de semana con su novia en tren?». El principiante en radiestesia que hace una pregunta como esta tiene el noventa y nueve por ciento de posibilidades:

- De que su péndulo se niegue a realizar cualquier movimiento y se quede parado.
- De que oscile en cualquier sentido con un movimiento poco ortodoxo e imposible de interpretar.

Resumiendo, exactamente lo que conocemos por fracaso. Pero tú serías el único responsable: ¡habrías hecho tres preguntas en una sola!

Retomemos las preguntas. Tu hijo *ha proyectado* visitarte este fin de semana, pero no está confirmado, y no estás seguro de que venga. La primera pregunta que debes hacer es: «¿Va a venir mi hijo este fin de semana?». Si el péndulo te responde que NO, no hace falta ir más lejos, no vendrá (ya te corresponde a ti obtener por teléfono la confirmación de que no viene).

Si el péndulo responde que SÍ, pasa a la segunda pregunta: «¿Vendrá con su novia?». Y, tanto si viene solo (el péndulo responde NO a la segunda cuestión) como si viene acompañado (el péndulo responde SÍ), haz la tercera pregunta para saber si has de organizarte para ir a la estación a buscarlo(s): «¿Vendrá en tren?».

Admite que esto lo cambia todo. En lugar de hacer una sola pregunta, que solo serviría para *confundir* al péndulo (incapaz de responderte en tal caso), haz tres preguntas de manera sucesiva, que sean sencillas y claras y que impliquen una respuesta binaria cada una: o SÍ o NO. La sencillez de las preguntas y la claridad de su formulación (ya mencioné antes la exactitud) son las principales virtudes de las preguntas en radiestesia.

Consejo: piensa bien tus preguntas antes de formularlas. A pregunta mal hecha, respuesta sesgada.

Y, para terminar este apartado sobre las preguntas, querría insistir en dos aspectos importantes de la deontología profesional de la radiestesia (válidos para radiestesistas *amateurs*):

- No hagas preguntas que estén fuera del área de tu competencia, en particular en el área de la radiestesia médica.

- Cuando efectúes una búsqueda en un área precisa, debes tener un mínimo de conocimientos sobre la materia. Si lo que quieres es conocer los números que saldrán en el próximo sorteo de la lotería, no necesitas conocer nada al respecto. Pero si estás buscando, por poner un ejemplo, la causa de la migraña de tu pareja, necesitas tener algunas nociones sobre la fisiología del cuerpo humano para utilizar láminas de anatomía y cuadrantes (objetos sobre los que trataré más adelante).

Debes aceptar la respuesta del péndulo aunque no fuera la que estabas esperando o desearas ardientemente.

Este punto también es fundamental: en ningún caso debes tratar de influir en la respuesta del péndulo a tu pregunta; desacreditaría la honestidad y la calidad de tu trabajo como radiestesista. Imaginemos que le preguntas al péndulo (pregunta *básica): «¿*Hará bueno mañana?». Si el péndulo te responde que NO, es así, debes aceptarlo, aunque tus planes para mañana pudieran haber sido más agradables con buen tiempo.

Si tratas por todos los medios de influir mentalmente en el péndulo para que te responda lo que a ti te gustaría, lo único que puedes hacer es lo siguiente: guardar el péndulo en el trastero o en el desván y dejar la radiestesia inmediatamente. Se terminó para ti. La radiestesia no está hecha para ti ni tú para ella.

En radiestesia la palabra maestra es *neutralidad*. Haces una pregunta y el péndulo te responde SÍ o NO. Debes aceptar su respuesta. Sin más contemplaciones.

NEU-TRA-LI-DAD

LA REMANENCIA EN RADIESTESIA

La remanencia es una ley de la radiestesia que se basa en que, en un lugar preciso, persiste la radiación emitida por cualquier cuerpo que se haya encontrado en ese mismo lugar antes. Por *cualquier cuerpo* entendemos cualquier sustancia:

- Del mundo mineral.
- Del mundo vegetal.
- Del mundo animal (al que pertenece la especie humana).

La radiestesia, ya lo hemos visto, se define a partir de la circulación de ondas. Ahora bien, un lugar que ha estado habitado por un cuerpo guarda en la memoria su *huella magnética:* la remanencia es, precisamente, un término tomado prestado del vocabulario del electromagnetismo. Veamos un primer ejemplo: si posamos una cafetera (llena de café caliente) en una mesa y luego la levantamos, una vez servido el café, la mesa mantendrá (durante unos minutos) la huella de la cafetera. Esta *huella radiestésica* es lo que se llama remanencia. Se trata de una auténtica impregnación.

Veamos un segundo ejemplo: si tu gato ha estado durmiendo toda la noche sobre el edredón de tu cama hasta desaparecer en el jardín a primera hora de la mañana, antes de que tú te levantes, el edredón guardará la huella radiestésica de tu gato (durante varias horas en este caso).

La duración de esta remanencia varía considerablemente:

- Unos minutos para la mayoría de los objetos (varias horas en ciertos casos característicos por su forma y su material, por ejemplo una pirámide de cristal de roca).
- Varias horas (o días) en el caso de los animales.
- Varios días, meses o años... en el caso de los humanos.

Hay quien dice que la remanencia humana puede durar siglos. Esa es la razón por la que la geobiología desaconseja formalmente vivir:

- En una antigua cárcel.
- En un antiguo hospital.
- En una casa donde se haya cometido un crimen.
- En una casa que haya estado habitada por una persona que acaba de morir.

Sobre este último punto, antes de comprar una vivienda, infórmate siempre sobre sus antiguos ocupantes. Si se vende por razones profesionales o familiares, no hay problema. Pero si estaba ocupada por una persona sola y esta acaba de morir, abstente, busca otro alojamiento.

La remanencia explica también que, en ciertos lugares, algunas personas especialmente sensibles se sientan mal sin razón médica aparente (y sin saber por qué). La remanencia es consustancial a la radiestesia. A veces basta con «nada» para que un péndulo se ponga en movimiento. Un «aliento». Una huella, algo impalpable para el entendimiento de la mayoría de la gente. No para los radiestesistas. Un radiestesista confirmado es receptivo a la remanencia. Un principiante lo será algún día. Hay que darle tiempo al tiempo.

LA EVANESCENCIA EN RADIESTESIA

La evanescencia es otra característica de la radiestesia. Se trata de un verdadero «bloqueo» que aparece durante una búsqueda: el péndulo *no quiere saber nada*, se niega obstinadamente a rotar. Puedes hacer todo tipo de preguntas para tratar de desbloquear la situación y ponerlo en movimiento, pero será en vano: el péndulo permanece sordo a cualquier solicitación, en un mutismo total. A veces el fenómeno ocurre en plena sesión, por ejemplo durante la búsqueda de una persona desaparecida o durante una consulta de radiestesia médica. Se detiene. *STOP*. Y es imposible hacer que se vuelva a poner en marcha. Obstinado, el péndulo no se mueve más. ¡Y les sucede a los radiestesistas más experimentados!

El abad Mermet utiliza otra expresión para describir la evanescencia: *fading* (término inglés que significa «desvanecimiento»).

Hay varios factores que pueden generar la evanescencia:

- Un tiempo tormentoso: en radiestesia es muy difícil trabajar cuando hay tormenta. En esos casos, lo mejor es abstenerse (todos los radiestesistas confirmados lo saben y no sacan el péndulo si se anuncia una tormenta). La razón reside en las perturbaciones electromagnéticas que se dan antes de una tormenta.
- Una saturación de iones positivos en la habitación en la que se esté trabajando. En ese caso, aconsejo encarecidamente encender una lámpara de cristal de sal, para que difunda en la habitación iones negativos que neutralicen la nefasta ionización positiva (consulta al respecto el libro de Jean-Paul Jacquement, *Las lámparas de cristal de sal: las vitaminas del aire*).
- La propagación de ondas electromagnéticas que obstaculicen los movimientos ondulatorios propios de la radiestesia.

Como recordatorio, he aquí una lista (sacada de la obra sobre las lámparas de cristal de sal que acabo de citar) de los aparatos del hogar que producen ondas nocivas para la salud y para la calidad del trabajo del radiestesista:

En la cocina:
- Nevera.
- Congelador.
- Cocina eléctrica.
- Horno eléctrico.
- Cafetera eléctrica.
- Tostador eléctrico.
- Abrelatas eléctrico.
- Robot de cocina.
- Lavadora.
- Plancha.
- Aspiradora.
- Lavavajillas.
- Horno microondas.

En el salón:
- Televisión.
- Vídeo.
- Consola de videojuegos.
- Descodificador.
- Módem.
- Mando a distancia.
- Cadena musical.
- Teléfono.
- Contestador.
- Telefonillo, interfono, portero automático.
- Radiador eléctrico.
- Alarmas antirrobo de hiperfrecuencia.

En el despacho:
- Ordenador.
- Impresora.
- Escáner.
- Fotocopiadora.
- La «jungla de cables» que conectan los distintos aparatos (los cables generan un campo eléctrico aunque el aparato al que estén conectados no esté encendido).

En el cuarto de baño:
- Calentadores eléctricos.
- Maquinilla eléctrica.
- Secador de pelo.
- Cepillo de dientes eléctrico.

En el dormitorio principal:
- Lamparita de noche (aun apagada, emite una radiación).
- Radiodespertador.
- Reloj de cristal líquido.
- Televisión.

En el cuarto de los niños:
- Televisión.
- Consola de videojuegos.
- Ordenador.

En nosotros mismos:
- Teléfono móvil.

Lejos de mi intención condenar la electricidad de manera global, pues lleva transformando nuestra existencia de manera positiva desde hace un siglo, ni el equipamiento contemporáneo de una casa, que tanto facilita nuestras condiciones de vida. Pero algo está claro: antes de emprender cualquier sesión de radiestesia, hay que asegurarse de la *neutralidad* electromagnética óptima del entorno de la habitación en la que se trabaja. Esto puede conseguirse así:

* Desenchufando el mayor número posible de aparatos.
* Encendiendo una lámpara de cristal de sal.

LOS FACTORES DEL FRACASO EN RADIESTESIA

Incluso los radiestesistas más experimentados, con décadas de práctica a sus espaldas, cometen errores en algunas circunstancias. La más mínima relajación de la atención y de la concentración puede tener consecuencias sobre la fiabilidad del trabajo emprendido, sea cual sea el área de aplicación. El principiante es todavía más vulnerable y está expuesto a todo tipo de factores de fracaso de los que no siempre es consciente. El objetivo de este apartado es sensibilizar al respecto.

La falta de neutralidad

Si la palabra *neutralidad* aparece muchas veces en el texto de esta obra es por una buena razón: la práctica de la radiestesia implica una neutralidad absoluta, no negociable. El radiestesista nunca debe tomar partido sobre el objeto de su investigación, incluso (y sobre todo) si este le afecta de cerca personalmente, en su intimidad, en su entorno familiar o profesional.

Di un ejemplo en páginas anteriores, con la sencilla pregunta: «¿Hará bueno mañana?». En ningún caso hay que pensar mentalmente, mientras se hace la pregunta, en la respuesta que quisiéramos que nos diera el péndulo (en el caso citado, que haga bueno, que el péndulo responda que sí).

Para un radiestesista novel es muy difícil mantenerse neutro, pero es la condición indispensable para que exista un trabajo serio, creíble, que dé respuestas irrefutables a las preguntas planteadas.

El riesgo de autosugestión

Este segundo punto está directamente ligado al primero, a la vez que introduce un matiz que tiene su importancia.

Para algunas consultas que resultan sensibles porque nos conciernen directamente, la autosugestión es un riesgo ante el que hay que estar prevenido. Por ejemplo, tras observar el comportamiento de uno de nuestros hijos, en plena crisis de adolescencia, tenemos buenas razones para pensar que fuma cannabis a pesar de que lo niegue. Nos resultará entonces muy difícil formular la pregunta que deseamos formular («¿Mi hijo fuma cannabis?») porque nuestra íntima convicción, sumada a su reciente tendencia a disimular sus actos, es que sí lo hace. La pregunta estará sesgada, porque estaremos autosugestionados de que nuestro hijo es culpable de transgredir nuestro modelo educativo. Si estamos convencidos de que nuestro hijo fuma antes incluso de hacer la pregunta, la respuesta que nos dé el péndulo no valdrá de nada.

La mejor solución sería confiar el problema a otro radiestesista al que no afecte directamente la pregunta o la persona ni el tema de la pregunta, porque no se trata de su hijo. Este radiestesista (que no será de la familia y estará libre de todo vínculo, será objetivo) no estará sometido a ninguna autosugestión. Al contrario que la nuestra, potencialmente falsa, la suya podremos tenerla en consideración.

La falta de concentración

Sea cual sea el área de aplicación de la radiestesia a la que nos dediquemos, incluso la más fútil (por ejemplo, buscar el número ganador de la lotería), la concentración es fundamental. La radiestesia no admite *medias tintas* en cuanto a la concentración. O estamos concentrados o no lo estamos. Sin embargo, debemos estarlo, no hay alternativa a esta obligación.

Por esa razón es necesario aislarse antes de emprender cualquier trabajo. Un radiestesista principiante que pretenda *alardear* delante de sus amigos sacando el péndulo en la terraza de un café, con el *ruido y la tensión* de un entorno urbano contaminado..., no es un radiestesista digno de ese nombre. Solo un *fanfarrón*. La radiestesia es un arte (o una ciencia, como uno quiera, o las dos cosas a la vez) que necesita seriedad, rigor, dedicación..., parámetros, todos ellos, necesarios para la concentración.

Cuando sacamos el péndulo, hay que hacer un trabajo personal para eliminar cualquier pensamiento contaminante. Solo hay que pensar en lo que hacemos en ese momento, nada más, y dejar la mente en blanco. Si queremos progresar en radiestesia, tenemos que ser capaces de conseguir un cierto distanciamiento interior, y esto implica una cierta disciplina de vida. Los radiestesistas confirmados que quieren acceder a áreas superiores que afectan a los estados de consciencia deberán practicar la meditación.

La sensibilidad a las influencias negativas

Todos los radiestesistas principiantes conocen y sufren un día u otro este problema: la desconfianza de «los demás» (los no iniciados en radiestesia), su incredulidad o, lo que es peor, su juicio negativo. Hay que ser fuerte y no dejarse influir por la hostilidad de un entorno no informado objetivamente y con tendencia a criticar lo que no conoce.

Si estás empezando, ¡ten confianza en ti mismo! Es muy importante. *A palabras necias, oídos sordos*. Déjalos hablar: aquellos que te juzgan sin objetividad no saben en realidad lo que es la radiestesia. Ese es su problema, no el tuyo. No te dejes achantar por esas influencias negativas. No deben mermar tu convicción. Persevera.

De la misma forma, no pierdas la confianza cuando no lo consigas. Al principio habrá muchas ocasiones en las que no tengas éxito, lo verás cuando comiences las pruebas de entrenamiento que siguen a los ejercicios de aprendizaje y durante el establecimiento de tu convención mental. Persevera.

La inadaptación fisiológica

Para practicar con éxito la radiestesia hay que estar en buena forma. Todos sabemos lo indisociables que son la mente y el cuerpo físico. Y la radiestesia necesita una implicación mental fuerte, lo que implica un cuerpo sano. Parece una obviedad, pero no lo es; resulta esencial para tener éxito y progresar en radiestesia.

Los factores desestabilizantes que pueden afectar a la práctica adecuada de la radiestesia son:

- El estrés, en primer lugar, porque este estado desestabiliza el sistema endocrino, que ha de esforzarse de manera anormal para regular la disfunción que provoca tal perturbación. A un radiestesista estresado le costará mucho dejar la mente en blanco y concentrarse.
- El cansancio, en todas sus formas.
- La falta de sueño.
- Los problemas digestivos y la ralentización del tránsito intestinal (muy perturbadores en radiestesia).
- La intoxicación por metales pesados (le dedico un apartado a ese tema, porque es crucial en radiestesia).
- La inflamación de las articulaciones implicadas en la sujeción del péndulo (también le dedico un apartado, en relación con el síndrome del túnel carpiano, que afecta a la muñeca, y la epicondilitis, que afecta al codo).

Capítulo 2

EJERCICIOS Y PRUEBAS

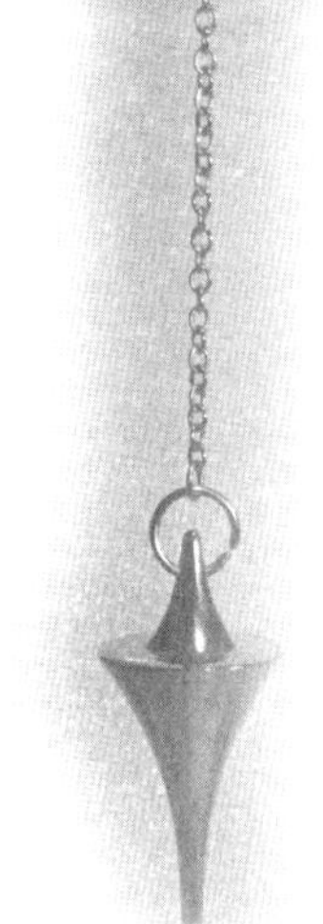

SEIS EJERCICIOS DE APRENDIZAJE

Estos seis ejercicios se dedican en exclusiva a «aprender a usar» tu primer péndulo. Por tanto, no son para los radiestesistas confirmados, sino para los que están empezando.

Estos ejercicios de aprendizaje están destinados a despertar tu sensibilidad de radiestesista, a mostrarte que el péndulo que has elegido (ese y no otro) va a responder a tus expectativas y se va a poner en movimiento solo en seis casos posibles. Antes de realizar estos ejercicios, pon todas las probabilidades de tu parte.

Procede solo. No debe haber nadie a tu lado en la habitación. El silencio es imprescindible, nada de televisión de fondo, nada de ruido.

Despeja la mesa. No debe haber ningún objeto encima (aparte de este libro, abierto por la página correspondiente, si es necesario).

Cubre la mesa con un mantel o una sábana blancos, nada de manteles de colores ni con dibujos (ni ondas ni formas de ningún tipo deben afectar tu primer contacto con la radiestesia, los primeros movimientos de tu péndulo).

Asegúrate de que haya transcurrido tiempo desde la digestión de la última comida que hayas hecho, para que tu organismo esté fisiológicamente liberado del esfuerzo que necesita el catabolismo digestivo. Un buen momento es el final de la tarde, antes de cenar (el almuerzo ya habrá sido digerido).

Cuidado: estos seis ejercicios hay que realizarlos antes del establecimiento de la convención mental y de las pruebas de entrenamiento (dos apartados siguientes).

Los seis ejercicios deben efectuarse en orden: del uno al seis. Antes de empezar, deja cerca de ti (al alcance de la mano, no encima de la mesa) una pila de petaca y un lápiz afilado.

Ejercicio n.º 1

- Abre el libro sobre la mesa (por la página 65) y asegúrate de que se queda abierto solo, sin tu ayuda.

- Coloca el péndulo, con una longitud de cadena de quince centímetros (acabamos de ver que es el largo más adecuado a tu condición de principiante), en el centro de la espiral, a unos tres o cuatro centímetros por encima (ni más, no demasiado alto, ni menos, no demasiado bajo).
- No pienses en nada. Deja la mente en blanco. No te hagas ninguna pregunta mentalmente (las preguntas empezarás a hacerlas cuando llegues a los ejercicios para establecer la convención mental y luego con las pruebas de entrenamiento).
- Deja actuar al péndulo. ¿Qué va a ocurrir? El péndulo se pondrá en movimiento y dará vueltas solo, hacia la derecha, en el sentido de la espiral.

¿Cómo explicar este movimiento? Al colocar el péndulo encima de la espiral que gira hacia la derecha, este graba su sentido, se impregna de ella, algo así como si hubiera circulado una onda entre la espiral trazada sobre la página del libro y él. Este fenómeno ondulatorio ha llegado a tu cerebro y se ha operado entre la espiral, el péndulo y tú. El movimiento del péndulo hacia la derecha, en el sentido de la espiral, está expresando esta comunión. Acabas de dar tu primer paso en radiestesia.

¡Bienvenido al mundo de la radiestesia! Después de esta primera emoción, lentamente, con calma, pasa al ejercicio siguiente sin saltarte ninguna etapa. Un niño recién nacido no es un adulto. El camino es largo, el del crecimiento, el de la educación, el de la formación. Para convertirte en un radiestesista consumado, has de tomarte el tiempo necesario. No hay nada que reemplace a la experiencia. Y esta hay que adquirirla de manera progresiva.

Ejercicio n.º 2

* Deja un minuto o dos entre cada ejercicio. No los encadenes inmediatamente. No hay prisas, relájate. Respira profundamente. Mantén la concentración.
* En la misma página aparece una nueva figura. Como constatarás, se trata también de una espiral, pero en sentido inverso a la primera.
* Procede exactamente como en el primer ejercicio: centra el péndulo a tres o cuatro centímetros por encima de la espiral, con un largo de cadena de quince centímetros.

La onda de forma del dibujo alcanzará el péndulo, tu cerebro y tu mano, y la magia operará de nuevo: el péndulo va a ponerse en movimiento, rotando esta vez hacia la izquierda, en el sentido inverso del primer ejercicio, atraído de forma irresistible por la flecha.

No es *magia*; es simple y llanamente radiestesia. Volverás a emocionarte cuando veas el péndulo obedecer a esta fuerza misteriosa que escapa a tu entendimiento. No te hagas preguntas. Limítate a observar lo que ocurre ante tus ojos. Estos seis ejercicios constituyen tu primera lección de radiestesia. Todavía te queda todo por aprender.

La primera vez que hagas estos ejercicios de aprendizaje (los dos primeros que acabamos de ver y los cuatro que siguen), es más que probable que los movimientos de tu péndulo sean de poca amplitud. Ya se ampliarán más adelante, poco a poco, a medida que adquieras experiencia.

No pases al tercer ejercicio si no has tenido éxito con los dos primeros. Si el péndulo no se ha movido, no insistas ese mismo día; inténtalo de nuevo desde el principio al día siguiente.

Ejercicio n.º 3

- Vuelve a dejar algo de tiempo entre este y el ejercicio anterior. De uno a dos minutos de relajación, de respiración abdominal, manteniendo la concentración (no lo he precisado antes, pero seguro que has apagado el teléfono antes de comenzar, el fijo y el móvil, ¿verdad?).
- Ve ahora a la página 66. Una figura totalmente distinta aparece en la parte superior: ya no es una espiral, sino dos flechas rectas, paralelas y horizontales, en sentidos opuestos.
- Coloca el péndulo en el centro de la figura (siempre tres o cuatro centímetros por encima de la página, con quince centímetros de cadena), entre las dos rectas.
- Ocurrirá lo que ha de ocurrir, pero si no lo hiciera, empieza de nuevo al día siguiente, no insistas: para tu estupefacción más grande, el péndulo no rotará (ni hacia la derecha ni hacia la izquierda) sino que se moverá horizontalmente, ¡en paralelo a las dos líneas rectas!

¿Qué ha sucedido? Ante el dibujo en forma de espiral, el movimiento del péndulo es de rotación; ante la forma rectilínea horizontal, el movimiento es de oscilación horizontal (y no de rotación), ¡paralelo a las dos flechas trazadas en la página!

Seguro que el «juego» de la radiestesia te está atrapando. ¡Y eso que las sorpresas no hecho más que empezar! Lo mejor está por venir, ya lo presientes. Por eso te decidiste a comprar un péndulo. La entrada en el universo de la radiestesia es un recorrido iniciático que merece ser vivido.

Ejercicio n.º 4

- Mantén la concentración. Respira. Relájate. Elimina tus tensiones musculares, siempre poniendo la mente en blanco. No intentes comprender. Limítate a observar. De nuevo, aguarda uno o dos minutos.
- Sigue en la página 66. En la parte inferior de la página hay una figura como la anterior pero en sentido inverso (al igual que ocurría con las espirales de los dos primeros ejercicios): dos líneas paralelas en sentido vertical.
- Como siempre, coloca el péndulo en el centro de la figura (tres o cuatro centímetros por encima de la página, con quince centímetros de cadena), entre ambas líneas.
- Y de nuevo ocurre lo que tiene que ocurrir (esta vez lo estás esperando, se te hace ineluctable): el péndulo se mueve verticalmente, en paralelo a las dos líneas rectas.

- La onda de forma ha operado: ante una forma rectilínea vertical, una oscilación rectilínea vertical del péndulo.
- Vas a añadir esta vez un parámetro adicional al ejercicio: después de unos instantes de la puesta en movimiento, darás *mentalmente* una orden al péndulo: «Detente».

¿Y qué crees que va a hacer el péndulo? Se detendrá precisamente cuando le des la orden de hacerlo. He precisado «mentalmente». Porque, a partir de ahora, los vínculos íntimos que van a consolidarse entre tu péndulo y tú beberán de las fecundas circunvalaciones ondulatorias de tu cerebro.

Ejercicio n.º 5

Ahora, vamos a salir del libro para continuar el aprendizaje de forma concreta con los dos objetos sencillos de la vida cotidiana que te indiqué que tuvieras preparados antes de comenzar estos ejercicios: una pila de petaca (para realizar el ejercicio n.º 5) y un lápiz (para el ejercicio n.º 6).

- Siempre tras uno o dos minutos de relajación muscular y mental, toma la pila.
- Separa lentamente los dos bornes (lengüetas) de latón.
- Sujeta la lengüeta del polo positivo de la pila (la más corta de las dos) entre el pulgar y el índice de tu mano *libre* (aquella con la que no sujetas el

péndulo) y coloca el péndulo en la vertical del polo positivo del dibujo de la página 67 (siempre igual: tres o cuatro centímetros por encima de la página, con quince centímetros de cadena).

- Constátalo por ti mismo: el péndulo entra en movimiento de rotación hacia la derecha o POSITIVA.

- Luego, sujeta la lengüeta del polo negativo de la pila (la más larga) entre el pulgar y el índice de la mano que tienes libre y coloca el péndulo en la vertical del polo negativo del dibujo. El péndulo entrará en rotación negativa, en sentido inverso al del experimento anterior, hacia la izquierda.

Este ejercicio demuestra la polaridad del movimiento pendular. Terminarás de constatarlo con el ejercicio siguiente, en el que utilizaremos el lápiz.

Ejercicio n.º 6

Con este, llegamos al final de los seis ejercicios de aprendizaje.

- Date uno o dos minutos de relajación antes de emprender el último ejercicio de la serie y sigue manteniendo la concentración mental que necesitas para que este primer contacto con tu péndulo tenga éxito.

- Toma el lápiz, ayudándote del índice de la mano que tienes libre para mantenerlo en vertical, con la punta hacia arriba (la mina bien afilada).

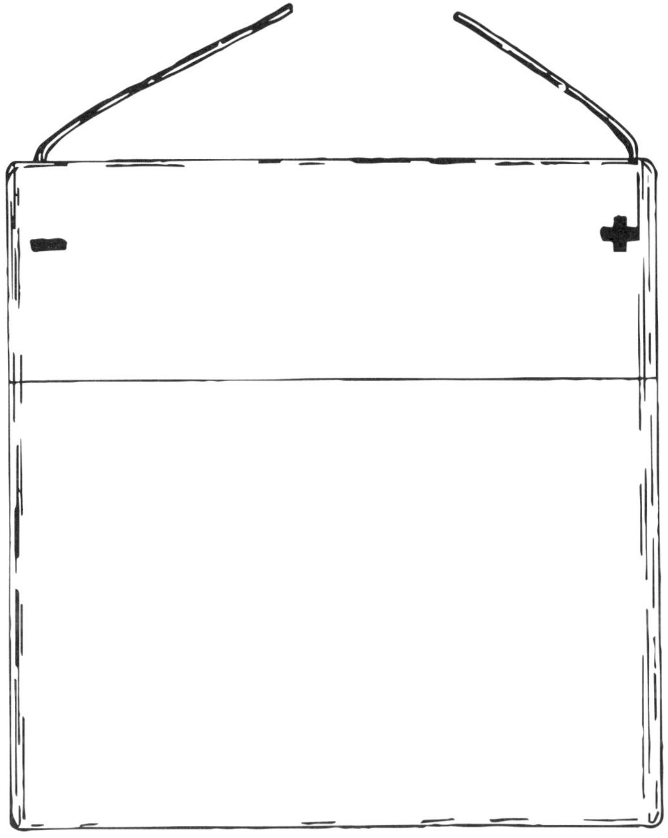

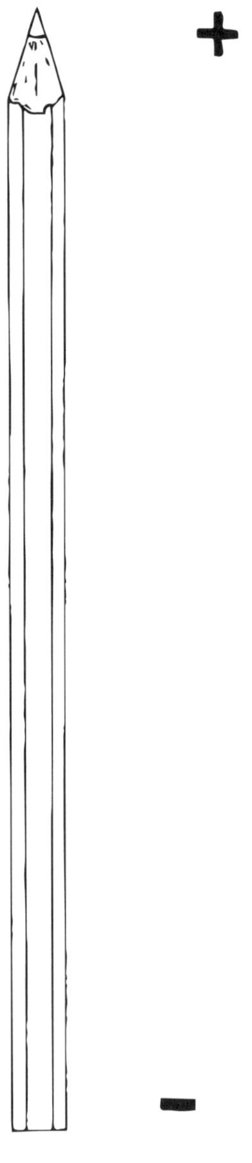

SEIS PRUEBAS DE ENTRENAMIENTO PARA PRINCIPIANTES

Recapitulemos: te has comprado un péndulo, has realizado los seis ejercicios de aprendizaje destinados a familiarizarse con la puesta en movimiento del péndulo y has definido tu convención mental.

Antes de lanzarte a la «piscina» de la radiestesia y de «volar» con tus propias alas, te propongo que efectúes seis sencillas pruebas, básicas y progresivas (hazlas en el orden correcto, de la una a la seis). Para estas pruebas, al igual que ocurría con los ejercicios de aprendizaje, hay una serie de pasos que debes seguir:

- Como principiante que eres, trabajarás con un largo de cadena de quince centímetros. A medida que vayas progresando, podrás acortar el largo, pero al principio te ruego que no lo hagas (nunca insistiré demasiado: en radiestesia no hay que quemar las etapas).
- Aguarda un cierto tiempo entre dos ejercicios (de uno a dos minutos) y aprovecha para relajarte física y mentalmente, aunque sin dejar de concentrarte en lo que estás haciendo.
- Trabaja en silencio, con el teléfono apagado, y elimina de tu entorno cualquier fenómeno externo que pudiera distraer la atención que le dedicas a estas pruebas.
- En el caso de las tres primeras y en el de la sexta, necesitarás que haya otra persona contigo (uno de tus padres, un hijo, un amigo) para que prepare las pruebas.

Durante la preparación (pruebas 1, 2, 3 y 6), esperarás fuera de la habitación y no entrarás hasta que la persona «preparadora» te invite a hacerlo, una vez que haya terminado los preparativos.

Por el contrario, mientras realizas la prueba, el preparador esperará fuera de la habitación para no influir en tu concentración ni guiarte inconscientemente (pues conoce la respuesta de cada operación).

No hagas estas pruebas:

- Si estás cansado.
- Si te duele la cabeza.
- Si tienes ansiedad.

Expongo a continuación la sucesión de las seis pruebas de aprendizaje.

Prueba n.º 1: el vaso de agua (1)

El preparador toma dos vasos y llena tres cuartos de uno de ellos con agua. Los dispone sobre la mesa separados una veintena de centímetros. Previamente, habrá cubierto la mesa con un mantel blanco, como en el caso de los ejercicios preliminares

A continuación, recubre cada vaso con un pañuelo blanco de papel, de forma que no puedas ver cuál de los dos está vacío y cuál tiene agua. El objetivo es que encuentres cuál es el vaso que tiene agua aplicando tu convención mental.

Haz la pregunta: «¿Este vaso contiene agua?».

La alternativa es sencilla:

- O el péndulo rota hacia la derecha, lo cual significa, según tu convención mental, que la respuesta es SÍ.
- O rota hacia la izquierda, lo cual significa NO.

Si el péndulo te responde que SÍ, levanta el pañuelo y comprueba que se trata efectivamente del vaso lleno de agua. Si fuera así, habrías superado la prueba. En caso contrario, si el vaso que destapas está vacío después de que el péndulo te haya respondido que SÍ a la pregunta de «¿este vaso contiene agua?», no habrás superado la prueba. No sigas adelante con las demás pruebas. Has terminado por hoy. Volverás a empezar al día siguiente (consulta el apartado «Los factores del fracaso en radiestesia», en la página 50).

Si el péndulo responde que NO, colócalo vertical al otro vaso y haz la misma pregunta: «¿Este vaso contiene agua?». Como es lógico, al haber respondido NO en el caso del otro vaso, en este debería responder SÍ. Levanta el pañuelo y comprueba. Si se trata del vaso con agua, habrás superado la prueba. En el caso contrario, si se tratara del vaso vacío, no insistas. No sigas con la prueba. Otro día (espera por lo menos al día siguiente) la retomarás.

Otra hipótesis: el péndulo responde que NO en el caso del segundo vaso después de haber dicho que NO al primero. El fracaso es aún mayor, pero no es grave. *Se hace camino al andar* y practicando estas pruebas con nuestro péndulo es como vamos a convertirnos en radiestesistas.

Si has superado la primera prueba, pasa a la segunda (pero solo en ese caso).

Prueba n.º 2: el agua salada

El preparador toma dos vasos y los llena de agua (las tres cuartas partes). A uno de los vasos le añade una pizca de sal (no mucho, para evitar que el olor a agua salada lo vuelva identificable). A continuación, lo remueve hasta que la sal se diluya por completo y no queden trazas en el fondo.

Coloca el péndulo vertical a uno de los vasos.

Haz la pregunta: «¿Esta agua es salada?».

La alternativa es idéntica a la de la primera prueba:

* Si el péndulo responde que SÍ, compruébalo bebiendo un pequeño sorbo.
* Si responde que NO, pasa al segundo vaso. El péndulo debería responder SÍ esta vez. Compruébalo.

Cada vez que el péndulo dé una respuesta que contradiga la realidad de la cualidad del agua (salada o natural), habrás fracasado. Deberás detener la serie de pruebas y mantenerte por ahora en el «segundo nivel», lo cual no está tan mal comparado con un fracaso en la primera prueba (vaso lleno y vaso vacío).

El objetivo de esta serie progresiva de seis pruebas es conseguir, tan pronto como sea posible (y te lo deseo con sinceridad), encadenar las seis pruebas, de manera sucesiva, sin cometer ningún error. Con este método es como medirás tus progresos.

Llegará el día en el que superes las seis pruebas sin equivocarte. No te atormentes con este objetivo, lo alcanzarás cuando tenga que ser. Al igual que el zorro de *El principito*, el péndulo no se deja *domesticar* tan fácilmente como uno piensa.

Si has superado la segunda prueba, pasa a la tercera.

Prueba n.º 3: el agua salada y el agua azucarada

El preparador toma tres vasos y los llena de agua (tres cuartas partes). Añade una pizca de sal a uno y una pizca de azúcar a otro; debes disolverlos muy bien para que no queden rastros en el fondo del vaso y no echar demasiada cantidad para que el agua no adquiera un olor que la diferencie.

Coloca el péndulo por encima de uno de los vasos y haz la pregunta: «¿Esta agua es salada?».

- Si el péndulo responde que SÍ, aparta el vaso y acuérdate de que este es el que contiene la sal.
- Si responde que NO, haz la pregunta siguiente: «¿Esta agua lleva azúcar?».
- Si la respuesta es SÍ, aparta el vaso y recuerda que contiene el agua azucarada.
- Si la respuesta es NO, como ya respondió que NO a la pregunta sobre la sal, debería tratarse del agua natural. Aparta el vaso.

Has comprendido el principio. Se trata de que identifiques:

- El vaso con agua salada.
- El vaso con agua azucarada.
- El vaso con agua natural.

Haz esta prueba lenta y metódicamente, pasando de un vaso al otro de manera sucesiva y memorizando bien (si es necesario, puedes tomar nota en una hoja de papel) cuál es el agua salada, cuál es el agua azucarada y cuál es el agua natural, en función de las respuestas del péndulo a las preguntas que realices cada vez que lo coloques en la vertical de uno de los vasos.

A continuación, comprueba si todo concuerda (puedes limitarte a mojarte los labios si no deseas beber de cada vaso porque te incomode el sabor del agua salada y del agua azucarada). Lo has conseguido: ¡bravo! Puedes pasar al cuarto nivel. No lo lograste: no te preocupes, volverás a empezar otro día y esa vez sí lo lograrás. *Volved a pulir veinte veces vuestra obra…* No olvides que estás empezando.

Prueba n.º 4: las cuatro imágenes

El carácter progresivo de las pruebas continúa. Tras servirnos de dos soportes experimentales (vaso vacío-vaso lleno, agua natural-agua salada) y luego tres (agua natural-agua salada-agua azucarada), pasaremos a cuatro, lo cual complica las cosas. A partir de ahora, ya no necesitas que nadie prepare tus pruebas.

Elige cuatro imágenes, no importa cuáles mientras sean distintas, sobre un mismo tema: imágenes para niños (por ejemplo, cuatro animales), tarjetas postales (cuatro ciudades), naipes (tréboles, picas, diamantes y corazones)…

Pongamos que has elegido cuatro imágenes de un juego para niños y que aparecen un perro, un gato, un caballo y una oveja.

- Mete cada imagen en un sobre blanco sin franquear, sin que pueda identificarse el animal de la imagen a través del sobre. Con los ojos cerrados, mezcla bien los sobres encima de la mesa.
- Coloca el péndulo vertical por encima del primer sobre y formula la pregunta siguiente: «¿El perro está en este sobre?».
- Si el péndulo responde que SÍ, procede al igual que con la prueba anterior: aparta el sobre, anota su contenido y pasa al sobre siguiente. Así sucesivamente, hasta que identifiques el contenido de los cuatro sobres en función de las respuestas que te dé el péndulo a las preguntas que le vayas haciendo.
- Si responde que NO, haz la pregunta: «¿El gato está en este sobre?». Si obtienes una negativa, prosigue con: «¿El caballo está en este sobre?». Y, en caso de una nueva negativa, con: «¿La oveja está en este sobre?». Actuando despacio, metódicamente y con calma, identifica las cuatro imágenes.

Si lo has conseguido (estás progresando, ¡felicidades!), pasa a la prueba n.º 5. Si no, el consejo es el mismo de siempre: detente, no insistas. En caso de fracaso, no hagas dos veces la misma prueba, porque has de llevar «cero errores» para poder continuar con la batería de pruebas, que son de dificultad progresiva.

Prueba n.º 5: las cinco vocales

Para esta prueba, hazte con cinco fichas del *Scrabble* (si tienes el juego en casa, algo bastante corriente) correspondientes a las cinco vocales: A, E, I, O, U. En caso contrario, toma cinco hojas de papel y escribe una vocal en cada una con un rotulador grueso. Coloca cada hoja en un sobre, siguiendo el mismo principio que con las imágenes de la prueba anterior. Dispón las letras bocabajo (fichas o sobres) sobre la mesa y cierra los ojos para mezclarlas bien y no memorizar cuál es cuál.

Sigue la misma metodología que seguiste en las pruebas anteriores. La única diferencia es que la dificultad para identificar las vocales es mayor porque esta vez se trata de cinco objetos, en lugar de dos, tres o cuatro.

Haz la pregunta adecuada (con rigor, por orden alfabético): «¿Esta vocal es la A?», y así con el resto. Si superas esta prueba, puedes pasar a la última de la serie, que es de una naturaleza muy diferente. Si fracasas, vuelve a la casilla de «Salida» al día siguiente. Acabarás consiguiéndolo. Es una certitud.

Prueba n.º 6: el vaso de agua (2)

Aunque volvemos a nuestro vaso de agua de la primera prueba, ¡las cosas se complican esta vez de manera importante!

- Toma un vaso de agua (ahora únicamente medio lleno) y añádele el zumo de medio limón. Sumerge el índice de la mano libre (aquella con la que no vas a sujetar el péndulo) en el vaso, para que el líquido deje una huella en él. Las moléculas aromáticas del aceite esencial que forma parte de la composición del limón actuarán como un testigo.

- Sal de la habitación y pídele al preparador que esconda el vaso en un mueble, el que sea, al abrigo de la mirada.
- Entra, sitúate en el centro de la estancia, de pie, con ambas piernas ligeramente separadas, relajado y concentrado.
- Estira el brazo y apunta en una dirección con el dedo impregnado en el testigo.
- Haz la pregunta siguiente: «¿Está el vaso de agua con limón en esta dirección?».
  » Si el péndulo te responde que NO, gira ligeramente sobre ti mismo, señala de nuevo al frente apuntando con el dedo y repite la misma pregunta.
  » Haz esto hasta que tu péndulo, siguiendo tu convención mental, entre en rotación positiva y te diga que SÍ.
- Comprueba que el vaso de agua con limón se encuentra efectivamente en la dirección que señala tu dedo, puesto que lo ha *dicho* el péndulo.

De eso es, exactamente, de lo que se trata: de un diálogo entre tu péndulo y tú. Tú le haces preguntas y él responde. A su manera. Imagino la emoción que estarás sintiendo si acabas de terminar estas seis pruebas por primera vez sin equivocarte, sin cometer un solo error. El horizonte se despeja de repente ante ti y las perspectivas de la radiestesia te parecen más ilimitadas que nunca.

Sin embargo, si te cuesta mucho progresar y tus pruebas se ven constantemente frustradas día tras día, seguro que existe una o varias razones. Consulta el apartado dedicado a este tema («Los factores de fracaso en radiestesia», en la página 50) para mejorar tu porcentaje de éxito.

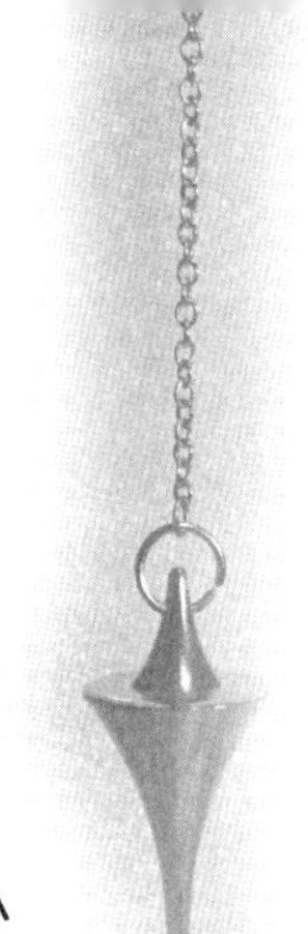

Capítulo 3

ALGUNAS APLICACIONES PRÁCTICAS DE LA RADIESTESIA

LA BÚSQUEDA DE UN OBJETO DESAPARECIDO

1.er ejemplo

Una mañana, antes de salir a trabajar, no encuentras las llaves del coche. El método de búsqueda es elemental:

- Dirígete al centro del salón y colócate de pie, erguido, con el brazo de la mano libre apuntando hacia delante, horizontal al suelo, y el índice extendido.
- Haz la pregunta siguiente: «¿Mis llaves del coche están en esta dirección?».

- Si obtienes una respuesta negativa (que será probablemente el caso, porque lo raro es que las encuentres a la primera), gírate ligeramente hacia la derecha, siempre con el brazo extendido y apuntando con el índice, y vuelve a hacer la misma pregunta. Y continúa así, girando varios grados tras cada respuesta negativa del péndulo.

- Si llegaras a tu posición inicial tras haber recibido una sucesión de respuestas negativas, el resultado carece de ambigüedad: tus llaves no están en el salón. Cambia de habitación y efectúa la misma búsqueda en cada una.

- Terminarás encontrando las llaves… en la habitación de tu hijo mayor (que ya se ha ido al instituto), en el bolsillo del pantalón que llevaba la noche anterior ¡cuando tomo prestado tu coche para acompañar a un amigo mientras tú dormías! (Es solo un ejemplo, pero sirve para ilustrar concretamente este tema).

2.º ejemplo

Vuelves a casa al final del día y tu mujer, que se llama Isabelle, te dice: «He perdido el reloj cuando he ido a hacer la compra al centro comercial».

El método que hay que seguir es muy distinto al del primer ejemplo.

Pídele que te enumere con mucha precisión todo lo que hizo cuando salió a comprar, por orden cronológico.

Pongamos que:

- Ha usado el coche, que estaba aparcado en el garaje del edificio donde vivís.
- Se ha parado en la gasolinera a echar gasolina.
- Ha aparcado en el aparcamiento del centro comercial.
- Ha ido a comprar una revista en el estanco.
- Ha ido a llevar una prenda a la tintorería.
- Ha tomado café en la cafetería del centro comercial.
- Ha hecho la compra en el supermercado.
- Ha vuelto al aparcamiento a recoger el coche.
- Se ha parado delante de la panadería para comprar el pan.
- Ha regresado al piso para dejar las compras.
- Se ha marchado de nuevo para llevar el coche al taller para su revisión.
- Ha vuelto a casa en taxi.

Toma un folio (blanco, sin rayas). En la parte superior, dibuja un *bocadillo* (como el de los cómics) con un rotulador negro. Dentro, escribe: «Reloj de Isabelle». Dibuja tantos bocadillos como lugares correspondan a los desplazamientos de tu mujer por orden cronológico y escribe en el interior de cada uno el lugar correspondiente. Los bocadillos corresponderían, pues, a:

- Garaje de casa.
- Gasolinera.
- Aparcamiento del centro comercial.
- Estanco.
- Tintorería.

- Cafetería.
- Supermercado.
- Aparcamiento del centro comercial.
- Panadería.
- Piso.
- Taller.
- Taxi.

A continuación y de forma metódica, bocadillo a bocadillo, en orden cronológico, señala uno a uno con el dedo de la mano libre (la que no sujeta el péndulo) el nombre del lugar que figura en el centro de cada uno. Sería así:

- «¿El reloj de Isabel está en el garaje de casa?».
- «¿El reloj de Isabel está en la gasolinera?».

Y así sucesivamente, sigue el orden de los bocadillos (y de los lugares en los que el reloj puede estar) sin olvidarte de mencionar cada vez el nombre de tu mujer: la precisión en la formulación de la pregunta es fundamental (no se trata de cualquier reloj, sino del de tu mujer, que se llama Isabel).

De este modo, terminas por localizar el reloj... en el taller (es un ejemplo). Es decir, que se encontraba simplemente en el coche de tu mujer (que debió de perderlo en el maletero, al sacar o meter la compra, o quizás dentro del habitáculo: lo que importa es que está dentro del coche, que está en el taller).

LA BÚSQUEDA DE UNA PERSONA DESAPARECIDA

Cuando el gran público oye hablar de radiestesia, con frecuencia le viene a la mente su aplicación en la búsqueda de personas desaparecidas. Y hay una razón de peso: no es raro escuchar en la radio o en la televisión que un radiestesista haya colaborado en alguna investigación. De hecho, a menudo es la propia Policía la que recurre a la ayuda de radiestesistas cuando se ven impotentes, al menos en Francia.

Existen distintos métodos muy diferentes unos de otros con los que buscar a una persona desaparecida utilizando el péndulo. Algunos son tan complejos y ponen en marcha tantas competencias que se reservan estrictamente a los radiestesistas muy experimentados, con decenas de años de práctica a sus espaldas. En este libro de iniciación destinado a aquellos que están dando sus primeros pasos en radiestesia, me he decantado por un método, y solo uno, el más sencillo de todos, el más elemental.

Es imperativo, antes de iniciar cualquier búsqueda de una persona, estar en posesión de un testigo:

- Una foto lo más reciente posible, en la que la persona esté sola, preferentemente de pie (pero, en su defecto, una foto de carné que solo muestre la cara bastaría, siempre a condición de que sea reciente).
- Cabellos tomados de su peine o cepillo para el pelo, con una condición imperativa: que esa persona en cuestión sea la única que lo haya utilizado,

o el testigo no tendría ningún valor, ¡pues podría pertenecer a alguien diferente!

- Ropa, preferiblemente interior, que haya estado en contacto directo con su piel.
- Un accesorio: fular, corbata, guante…

Para el ejemplo que vamos a desarrollar en las líneas siguientes (siempre por la misma razón: hacer más «concreta» la pedagogía explicativa), he elegido una foto como testigo, porque en la búsqueda de personas desaparecidas es, con creces, el testigo más utilizado, el que se muestra más eficaz.

Antes de comenzar la búsqueda, también hay que hacerse con el material cartográfico necesario. Un radiestesista experimentado posee siempre en su despacho:

- Un planisferio.
- Atlas geográficos.
- Mapas de carreteras.
- Planos de ciudades.

Vayamos al ejemplo. La idea (como hicimos en los casos anteriores de búsqueda de objetos desaparecidos) es imprimirle un carácter más «concreto» al método, para ilustrarlo sin que sea «abstracto», como ocurre con frecuencia con los trabajos de radiestesia. Muchas veces terminamos sin comprender nada por lo complicadas que son las explicaciones.

He aquí, pues, nuestro escenario totalmente ficticio, pero con el que te harás una perfecta idea del método de búsqueda que te propongo. Vives en París y tienes un hijo de dieciocho años, llamémoslo Bruno, que está en segundo de Bachillerato.

Estamos en mayo de 2004. Tú y tu esposa os vais cuatro días a Londres durante el puente de la Ascensión. Tu hijo se encuentra preparándose los exámenes y os ha dicho que le parece perfecto, así podrá estudiar tranquilo, apagar el móvil (os ha avisado para que no lo llaméis) y «encerrarse» en casa los cuatro días sin salir. Antes de irse habéis hecho la compra, la nevera está llena. Volvéis el domingo por la noche. El piso está vacío. Todo ordenado en su sitio. Qué raro. No hay platos sucios en el fregadero (todavía más raro). Abrís la nevera: está llena. Es la señal de que vuestro hijo lleva fuera los cuatro días. ¿Dónde puede estar? ¿Por qué os habrá mentido? ¿Por qué no se ha quedado en el piso estudiando para sus exámenes?

Vuestro primer impulso es pensar que se ha ido a casa de su mejor amigo a estudiar con él (están en la misma clase). Llamáis a su amigo. No está con él. No lo ha visto. Se queda mudo como un pez; imposible sacarle nada.

Llamáis entonces a su *novia,* que también vive en París. Se queda boquiabierta. Ella tampoco lo ha visto (respetó su deseo de quedarse solo durante cuatro días para estudiar, ni siquiera ha intentado llamarlo por teléfono).

Llamáis a vuestros padres respectivos. Quizás se haya marchado a que lo «mimen» los abuelos. Pero tampoco, ni rastro. Ausente.

Que no cunda el pánico. Llamáis a todos sus amigos y amigas. Sin resultados. Nadie lo ha visto. Nadie sabe dónde está.

La preocupación aumenta, todavía más cuando revisáis el baño y su habitación: su cepillo de dientes no está, ni su maquinilla, ni su colonia, ni su champú… No hay duda, ha organizado su partida, no se ha ido precipitadamente. Termina de confirmároslo el hecho de que falte ropa en su armario, así como su maleta.

De modo que ha previsto marcharse varios días. Llamáis al resto de la familia, dispersa por toda Francia, nunca se sabe. En vano. Buscáis por todas partes en su habitación, pero no ha dejado ninguna nota para vosotros, ningún indicio. Consultáis vuestro correo electrónico, pero no hay ninguno suyo. Abrís el de vuestro hijo, no descubrís nada anormal. Es un enigma. Y sin embargo no parece necesario llamar a la policía, puesto que es evidente que vuestro hijo ha premeditado su partida cuidadosamente.

De modo que vais a buscarlo con tu péndulo porque desde hace poco te interesas por la radiestesia. Para empezar, tomáis la última foto que tenéis de él, que data de las vacaciones del año pasado, una en la que está en bañador, saliendo del agua mientras se ríe (acababa de revolcarlo una ola).

En la búsqueda de una persona desaparecida hay que proceder por eliminación, yendo de lo más grande a lo más pequeño. Es un método de concentración, de focalización. Me explico.

Volvamos a nuestro escenario. En las últimas vacaciones de Pascua, vuestro hijo hizo un cursillo de informática de una semana en el Liceo Internacional de Grenoble. Volvió encantado. Sobre todo, por la gente que conoció allí. Hace semanas que solo habla de eso. Se trata, por tanto, de una pista seria. Con él había jóvenes de todo el mundo: de Canadá, Japón, Australia, Sudáfrica... Ha hablado mucho de ello.

Muy bien, puede que se haya marchado para encontrarse con alguien que conociera durante aquel cursillo. Podría tratarse de un destino lejano, porque vuestro hijo da clases particulares de matemáticas y tiene dinero de sobra con el que pagarse un billete de avión en la cuenta que se abrió al cumplir los dieciocho años, hace ya seis meses. No le teme a nada. Ya ha viajado en avión varias veces con vosotros. Es mayor de edad. Todo es posible. De modo que vas a proceder por eliminación para hacer las preguntas.

- Toma un planisferio y despliégalo sobre la mesa, ligeramente hacia la izquierda, suponiendo que seas diestro.
- Pon la foto de vuestro hijo delante de ti sobre la mesa, ligeramente hacia la derecha, para que quede en prolongación con tu antebrazo derecho cuando lo extiendas en horizontal.
- Coloca el péndulo vertical a la foto, con un largo de cadena de quince centímetros si eres principiante en radiestesia (o con un largo menor si ya tienes más experiencia).
- Apunta al planisferio, concretamente al centro de Estados Unidos, con el dedo índice de la mano izquierda.
- Pregunta: «¿Se encuentra Bruno en el continente americano?».

- Si la respuesta es NO, apunta con el índice al centro de China.
- Pregunta: «¿Se encuentra Bruno en el continente asiático?».
- Si la respuesta es NO, apunta con el índice al centro de Australia.
- Pregunta: «¿Se encuentra Bruno en Oceanía?».
- Si la respuesta es NO, apunta con el índice al centro de África.
- Pregunta: «¿Se encuentra Bruno en el continente africano?».
- Si la respuesta es NO, lo lógico es que esté en Europa.
- Apunta con el dedo al centro de Europa y pregunta: «¿Se encuentra Bruno en Europa?».

El péndulo responde que SÍ. Por tanto, se ha quedado en Europa. Has procedido por eliminación, y ese es el método que debes seguir. Hay que continuar así.

En el cursillo de informática había jóvenes de muchos países. Vuestro hijo os ha hablado de varias chicas que le habían gustado, una lituana, una ucraniana, una italiana, una austríaca, una islandesa, una eslovena... Es muy enamoradizo. Puede que haya ido a encontrarse con alguna de ellas. Es totalmente posible.

- Abre un atlas sobre la mesa (delante de ti pero ligeramente a la izquierda) por las páginas del mapa de Europa.

- Coloca el péndulo en vertical a la foto de vuestro hijo y apunta con el dedo índice de la mano izquierda a Noruega.
- Pregunta: «¿Se encuentra Bruno en Noruega?».

Cada vez que la respuesta sea NO, pasa de un país a otro siguiendo un orden (del norte al sur de Europa, del este al oeste) y mantén la concentración. Si has agotado todas las posibilidades (todos los países), lo lógico es que se haya quedado en Francia y que, a la pregunta de si se encuentra en Francia, tu péndulo gire en el sentido afirmativo de tu convención mental para decirte: SÍ.

Tal vez pienses que, en lugar de seguir este método por eliminación, habría sido más sencillo comenzar preguntándole al péndulo si tu hijo estaba en Francia. Habría sido más sencillo y más rápido, y no habrías perdido el tiempo. Pero no, al contrario; un radiestesista debe tomarse su tiempo.

La virtud del método por eliminación es que funciona como un «embudo». Procediendo de la forma en que acabamos de ver, las dos respuestas SÍ acontecen como confirmaciones de las respuestas negativas precedentes. *Hacen más segura* la búsqueda. Permiten avanzar con rigor, progresar paso a paso.

Ahora se trata de tomar un mapa de Francia dividida por departamentos. Procede siempre de la misma manera (no hace falta repetirlo) y ve indicando con el dedo índice, sucesivamente, cada departamento por orden de numeración, comenzando por el primero y nombrando a tu hijo cada vez: «¿Se encuentra Bruno en Ain?», etc.

De repente, cuando llegas al último tercio de la lista, después de haber recibido solamente respuestas negativas hasta entonces, obtienes un sí de una amplitud sin equívocos en el departamento setenta y tres: «¿Se encuentra Bruno en Saboya?». sí.

Estás perplejo. Pero ¿qué hace en Saboya? Allí no conoces a nadie, y él tampoco (en fin, eso es lo que crees).

Estás cansado. Esta búsqueda te ha agotado. Has obtenido tres respuestas positivas, no está nada mal. Tu hijo está en Saboya. Pero no te sientes capaz de continuar, es más de medianoche. Decides acostarte. Tu esposa te anima, sobre todo porque al día siguiente vuestro hijo tiene clase de matemáticas por la mañana y es su asignatura preferida, a la que no faltaría por nada del mundo. Está convencida de que volverá durante la noche.

El lunes por la mañana tenéis que rendiros a la evidencia: no ha vuelto. Llamáis al instituto a las ocho y cuarto. No está en clase. Problema.

Vuelves a sentarte frente al plano de los departamentos, apuntas con el índice de la mano izquierda al departamento setenta y tres, pones el péndulo vertical a la foto de tu hijo y haces la pregunta: «¿Se encuentra Bruno en Saboya?». El péndulo se pone a girar de inmediato y con viveza hacia la derecha, a pesar de que te has concentrado para permanecer lo más neutral posible. La respuesta es sí. Está en Saboya.

Son casi las doce del mediodía. Os decís que ha podido pasar el fin de semana en Saboya y que en estos momentos seguro que se encuentra en el tren de vuelta a casa, estará a punto de llegar para la comida y para retomar sus clases a las dos de la tarde.

Sin embargo, pasa el tiempo y seguís sin noticias. A las dos, lo mismo. Y a las seis, y a las ocho de la tarde. «Hay que hacer algo», te dice tu mujer, que empieza a estar seriamente preocupada (tú también, pero tratas de que no se te note para no agravar su angustia). Decides ir a Saboya el martes por la mañana si vuestro hijo no vuelve esa misma noche.

El martes tomas el primer tren de alta velocidad que sale de la estación de Lyon. A las nueve llegas a Chambéry. Reservas una habitación en el hotel de enfrente de la estación. En la recepción, pides un plano de la ciudad y subes a la habitación para estar aislado.

Ahora, procedes metódicamente.

Encuentras un mapa del departamento de Saboya. Es un mapa cuadriculado, lo cual tiene la ventaja de que delimita unas zonas muy bien definidas al norte, al sur, al este y al oeste. Es una ayuda preciosa en radiestesia.

En el mapa de Saboya, la cuadrícula es:

- En longitud: N, P, Q, R, S, T, U, V.
- En latitud: 29, 30, 31, 32, 33.

Procedes como en los casos anteriores, con el mapa extendido sobre la mesa delante de ti y ligeramente hacia la izquierda, la foto de tu hijo ligeramente hacia la derecha y el péndulo en vertical a la foto. Haces la pregunta mientras apuntas con el dedo a la primera zona (comenzando de arriba abajo): «¿Se encuentra Bruno en la zona N29?».

Con cada respuesta negativa, prosigues metódicamente:

- P29, Q29, R29, S29, T29, U29, V29.
- N30, P30, Q30...
- N31, P31...

Y, de repente, a la pregunta: «¿Se encuentra Bruno en la zona Q33 ?», el péndulo se acelera, la respuesta es franca y clara: sí. La zona Q33 es la que corresponde a la prefectura de Chambéry, precisamente el lugar en el que te encuentras. Todo progresa, este método por eliminación es realmente el adecuado. Chambéry es una ciudad muy grande y en el plano se presenta como sigue:

Chambéry Noroeste, con una cuadrícula:
- Longitud: A, B, C, D.
- Latitud: 1, 2, 3, 4, 5, 6.

Chambéry Noreste, con una cuadrícula:
- Longitud: E, F, G, H.
- Latitud: 1, 2, 3, 4, 5, 6.

Chambéry Suroeste, con una cuadrícula:
- Longitud: A, B, C, D.
- Latitud: 7, 8, 9, 10, 11, 12.

Chambéry Sureste, con una cuadrícula:
- Longitud: E, F, G, H.
- Latitud: 7, 8, 9, 10, 11, 12.

A la pregunta: «¿se encuentra Bruno en la zona E8?», de repente, la respuesta cambia: sí. Esta zona corresponde al extremo norte del centro de la ciudad. Empiezas a sentir que estás llegando a tus límites, te encuentras confuso. Casi has localizado a tu hijo. El lazo se cierra en cierto modo.

No es el momento de perder la sangre fría. Sabes que tienes que estar tranquilo. Mantener toda tu concentración. Respiras profundamente. Haces algunos estiramientos. Evacúas cualquier pensamiento contaminante de la mente. No hay que dejarse «autosugestionar» por nada.

La cuadrícula del plano del centro de Chambéry es la siguiente:

- Longitud: M, N, O, P.
- Latitud: 1, 2, 3.

Continúas de la misma manera: dedo índice apuntando a una zona (una tras otra), péndulo vertical a la foto, pregunta binaria llamando a respuesta binaria, sí o no.

En la zona N3, el péndulo responde afirmativamente: sí. Tu hijo está en la zona N3 del centro de Chambéry (*estaría*, el matiz es enorme y el condicional es más apropiado. En radiestesia conviene ser modesto, sobre todo en algo tan delicado como la búsqueda de personas desaparecidas).

Repasas los edificios emblemáticos de esta zona, la N3: la Prefectura, la Clínica del Chaney, el Castillo de los Duques de Saboya, el Museo de Chambéry, el Jardín Botánico, el Colegio Bellevue…

Señalas uno a uno con el dedo y, en el museo, el péndulo no titubea ni un segundo: sí. Tu hijo está (estaría) en el museo. Pero ¿qué puede estar haciendo ahí, con lo poco que le gustan los museos?

Esta vez has llegado al límite. ¿Estará diciendo la verdad el péndulo? No tienes un segundo que perder. Sales del hotel. La parada de taxis está delante de la estación, justo enfrente. Le indicas al taxista que te lleve lo más rápidamente posible al museo.

—El museo está cerrado a esta hora —le dice el conductor—. Abre en quince minutos.

—No importa —le respondes—, vaya en dirección al museo.

Llegando al museo, aún de lejos, distingues a una pareja que espera delante de la taquilla, sentada en los escalones. El taxi se acerca. Tu corazón estalla. Tu hijo está ahí, con una joven. ¡En la escalinata del Museo de Chambéry, en Saboya! ¡Gracias a la radiestesia! ¡Gracias a tu péndulo!

Reencuentro. Lágrimas. Explicaciones. Sentimientos divididos entre la incomprensión de la fuga y la felicidad de reencontrar a tu hijo.

(Por lo visto vuestro hijo había conocido a esta joven en una discoteca de Grenoble durante su cursillo. No era extranjera, sino *de casa*, de Saboya. Lleva semanas pensando en ella, en secreto, sin haberos dicho nada, y, a la primera ocasión, ha aprovechado para ir a verla a Chambéry, donde la chica trabaja en la recepción del museo).

Para concluir este apartado, quiero decir que el suspense y la inventiva de la manera elegida para ilustrar el método de búsqueda de una persona desaparecida me parecen pertinentes cuando lo comparamos con la forma en la que otras obras de radiestesia exponen sus métodos, a menudo oscureciendo las cosas, en lugar de clarificarlas. Aplica este método tú mismo en función de los casos precisos a los que tal vez un día te enfrentes. Estoy seguro de que sabrías aplicar el proceso que acabo de presentarte en el marco de un escenario puramente ficticio pero creíble, en una situación potencialmente posible en la vida real. De este apartado, quédate con la necesidad de proceder por eliminación, con rigor, de forma «concéntrica», apuntando al objetivo de tu búsqueda, es decir, a la zona donde *se encontraría* la persona desaparecida. El empleo del condicional es deseable, porque la radiestesia debe caracterizarse por la humildad. Sobre todo, cuando se está buscando a una persona desaparecida, algo que no es sencillo y que, por desgracia, no siempre sale bien. Pero este es un campo de aplicación mayor de la radiestesia.

EL USO DEL PÉNDULO EN GEOBIOLOGÍA

En el capítulo cuatro de esta obra, en el que se explican los distintos tipos de péndulo que existen, la palabra *geobiología* aparece a menudo.

Si hiciera falta definir este término, diría que se trata de la medicina del hábitat. Y es cierto que la radiestesia ofrece múltiples funciones en esta área tan particular. Cuando buscamos un terreno para construir o visitamos una casa o un piso para comprar, el péndulo es indispensable para detectar las ondas nocivas, al igual que lo es para buscar:

• Las fallas.
• Las aguas subterráneas.
• Los puntos de saturación electromagnética.
• La red Hartmann.

Algunos péndulos, como el péndulo arquitecto, están específicamente concebidos para la geobiología. A continuación, expondré algunas nociones básicas de geobiología que te ayudarán a elegir si alguna vez deseas comprarte un péndulo que te sea útil en este campo científico (porque se trata, efectivamente, de una ciencia). Los arquitectos de nuestra época no deberían ignorar las «leyes» de la geobiología cuando emprenden la construcción de una casa.

Raymond Peyré fue el precursor de la geobiología. En 1947 publicó su libro *Les Radiations cosmo-telluriques* [Las radiaciones cosmotelúricas]. El subtítulo es explícito: *La topographie des radiations cosmo-telluriques sur la planète, et son rapport avec la pathologie humaine* [La topografía de las radiaciones cosmotelúricas en el planeta y su relación con la patología humana]. Resumiendo este libro *pionero*:

Para facilitar la localización de los lugares, los geógrafos imaginaron el trazado de las líneas de la latitud y la longitud (se mencionan en el apartado dedicado a la búsqueda de personas desaparecidas). Hay una división que corresponde a las fuerzas cosmotelúricas, que son las que condicionan nuestra existencia en el plano vibratorio.

El globo terrestre estaría rodeado en el sentido norte-sur y en el sentido este-oeste por estas corrientes cosmotelúricas, que chocan en los puntos precisos en los que se cruzan.

Estas ondas magnéticas provocan una poderosa energía vibratoria que actúa sobre las células del organismo.

El suizo Ernst Hartmann retomaría y ampliaría los trabajos de Peyré para convertirlos en la base de la geobiología contemporánea y crear la célebre «red Hartmann». La red Hartmann establece una cuadrícula vibratoria regular en la superficie de la Tierra, según una división cosmotelúrica precisa: líneas de veintiún centímetros de espesor separadas dos metros y medio entre sí en el sentido este-oeste y dos metros en el sentido norte-sur. Estas líneas forman verdaderos muros invisibles al elevarse verticalmente desde el suelo y el organismo humano es sensible a su energía.

Cada espacio que queda dentro de la malla de la cuadrícula precisa de la red Hartmann es una zona neutra, beneficiosa para la salud. Sin embargo, donde las líneas de la red se cruzan, en las cuatro esquinas de cada zona neutra, se producen perturbaciones cosmotelúricas que influyen de forma negativa en los humanos. Son las famosas «ondas nocivas».

El estudio del Instituto Europeo de Investigación en Geobiología titulado «Los rayos telúricos y su influencia en los seres vivos» confirma los trabajos de Hartmann cuando señala: «En la cuadrilla telúrica de Hartmann, el campo magnético de la zona neutra es beneficioso para el ser humano, mientras que el de los cruces o nódulos es agresivo, es un punto patógeno». Cada vez más arquitectos tienen en cuenta la red Hartmann antes de trazar los planos de una nueva casa.

Pero la geobiología no es una ciencia que exista desde la Antigüedad, y la mayoría de los edificios y las casas se han construido sin tener en cuenta estas nociones cosmotelúricas irrefutables. Por eso el valor de la radiestesia es incalculable a la hora de localizar las perturbaciones provocadas por las ondas nocivas de los cruces de las líneas de la red Hartmann. Es valiosa por partida doble:

- Los péndulos receptores permiten localizar los nódulos de la red Hartmann y el resto de las causas patógenas citadas anteriormente (fallas, agua subterránea, saturación electromagnética...).
- Los péndulos emisores permiten:
  » «Limpiar» los lugares.
  » Reequilibrar las energías.

Y por último, en relación con la geobiología, existe un área cercana en la que la radiestesia es igualmente valiosa: la de las molestias de orden oculto que a veces se dan en una vivienda:

- Memoria de las paredes.
- Maleficios.
- Maldiciones.

Ya hablé sobre este aspecto en el apartado sobre los testigos.

Los radiestesistas iniciados (y solamente ellos; absténganse los principiantes, por favor) pueden realizar trabajos de *purificación* con su péndulo emisor. Pero ahí entramos en un mundo verdaderamente «especial», el del ocultismo, que escapa del marco de nuestro libro de iniciación a la radiestesia.

EL USO DEL PÉNDULO EN LA PRÁCTICA DEL *FENG SHUI*

Como veremos en el capítulo cuatro de esta obra, dedicado a los distintos tipos de péndulos que existen, la radiestesia está estrechamente ligada a la práctica del *feng shui*. Por tanto, para que puedas decidir mejor el péndulo que quieres comprar, conviene que te ofrezca algunas nociones básicas sobre este sistema.

El *feng shui* es un auténtico *saber vivir* que nos viene de China, arraigado en varios milenios de tradiciones orales y escritas. El término *feng shui* surge de asociar dos palabras tomadas prestadas a nuestra madre naturaleza:

- El viento (*feng*).
- El agua (*shui*).

Por lo general, esta ciencia todavía mal conocida por los occidentales, expresa la complementariedad de las fuerzas *cósmicas* que nos llegan del cielo y de las fuerzas *telúricas* que emergen de la Tierra, las cuales influyen en nuestro comportamiento de manera permanente.

El *feng shui* nos ayuda a mantener (o a volver a encontrar) el equilibrio psicosomático y la armonía vital gracias a la distribución perfectamente codificada de nuestro entorno personal, es decir, de los lugares en los que vivimos y que frecuentamos (casa, despacho, escuela…). Practicarlo consiste en adaptar esos espacios para optimizar la circulación de la energía.

Esto concierne a todo aquello que pueda hacernos más agradable la existencia en las siguientes áreas:

- La salud.
- El bienestar.
- El éxito.
- La riqueza.
- La prosperidad.
- El amor.
- La amistad.
- Las satisfacciones morales.

El *feng shui* no tiene nada que ver con la superstición; es una regla basada en los principios, las tradiciones y los rituales de la filosofía taoísta. Esta se compone de un conjunto de símbolos y de mitos que a una mente racional pueden parecerle inaccesibles.

Sin embargo, la filosofía taoísta constituye una forma de pensamiento notablemente evolucionada, una teoría perfecta del universo en la que el hombre está imbricado y forma un todo. La clave del *feng shui* es la palabra *armonía*, porque de la armonía nace la unidad. Hoy, en efecto, el hombre sufre por su aislamiento, fuente de males tanto físicos como psíquicos. Y el *feng shui* nos permite volver a crear lazos con nuestro entorno. Para ello, debemos respetar las leyes universales y el orden establecido por la naturaleza y por tanto ser uno con todo lo que nos rodea. Por desgracia, los arquitectos y los decoradores contemporáneos no tienen en cuenta esta unidad y crean casas y objetos que no son conformes al bienestar del hombre.

Siguiendo este orden, debemos ocuparnos de nuestro entorno, nuestro jardín y nuestra casa, terminando por el diseño de su interior. Hay que actuar sobre lo que está en el exterior antes de dedicarse a lo que está en el interior. Y en ambos casos, tanto dentro como fuera de la casa, la radiestesia tiene una doble función:

* Diagnosticar, gracias a los péndulos receptores.
* Recuperar la armonía conforme a los grandes principios del *feng shui*, gracias a los péndulos emisores.

Ya sea por anticipación (péndulos receptores) como con posterioridad (péndulos emisores), en ambos casos, la radiestesia es omnipresente. Todo tiene una importancia en el *feng shui*:

* La situación de la casa (urbanismo).
* La decoración del jardín.
* Los planos de la casa (orientación de las habitaciones).
* Los materiales de construcción.
* La decoración interior.
* Los elementos y los motivos de decoración.
* Los colores.
* Los símbolos (objetos) que actúan sobre el comportamiento.

Búsqueda de un animal simbólico favorable con el péndulo

Dragón: fuerza, vitalidad, suerte.

Fénix: virtud, paz, prosperidad.

Dragón + Fénix: equilibrio yin/yang = pareja.

Rana con tres patas: riqueza (en la entrada, de espaldas a la puerta).

Tortuga: seguridad, longevidad, protección.

Pájaro: felicidad.

Elefante: sabiduría, fuerza, prosperidad, poder.

Grulla blanca: fidelidad, armonía familiar.

Ciervo (símbolo taoísta): vitalidad, prosperidad.

Pez: riqueza, abundancia, éxito (en un acuario, ocho rojos y uno negro).

Perro-Fu (Perro-León): guardián de la casa (en la entrada, en el exterior, siempre por parejas, de espaldas a la casa).

Tigre: majestad, valor, guardián de la casa.

Serpiente: sabiduría (en el centro de la casa).

Caballo: fuerza, velocidad, posición elevada.

Pato mandarín: armonía de la pareja (por parejas).

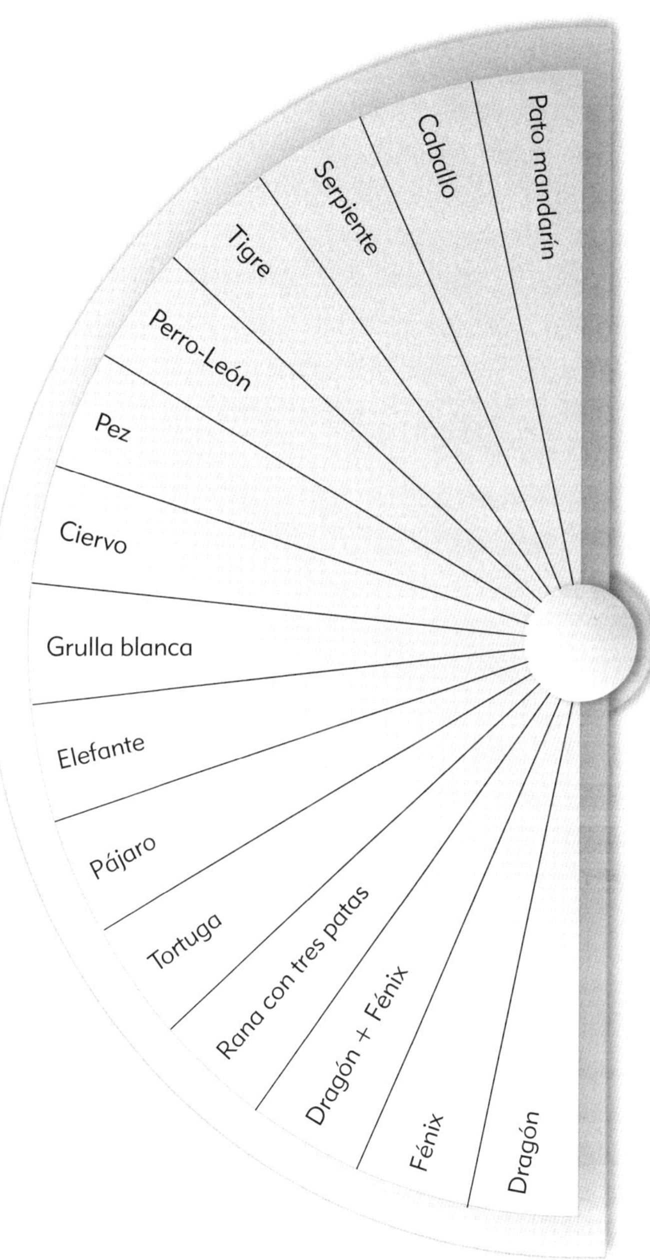

Pato mandarín
Caballo
Serpiente
Tigre
Perro-León
Pez
Ciervo
Grulla blanca
Elefante
Pájaro
Tortuga
Rana con tres patas
Dragón + Fénix
Fénix
Dragón

Búsqueda de una planta simbólica favorable con el péndulo

Bambú: fuerza para superar las dificultades, planta ideal para controlar el chi (la energía cósmica) en el exterior.

Loto: eternidad, armonía yin/yang, perseverancia.

Peonía (flor real, muy yang): gloria, riqueza, virilidad.

Prunus: justicia, claridad.

Pino: eterna juventud.

Crassula ovata (familia de los cactus): riqueza.

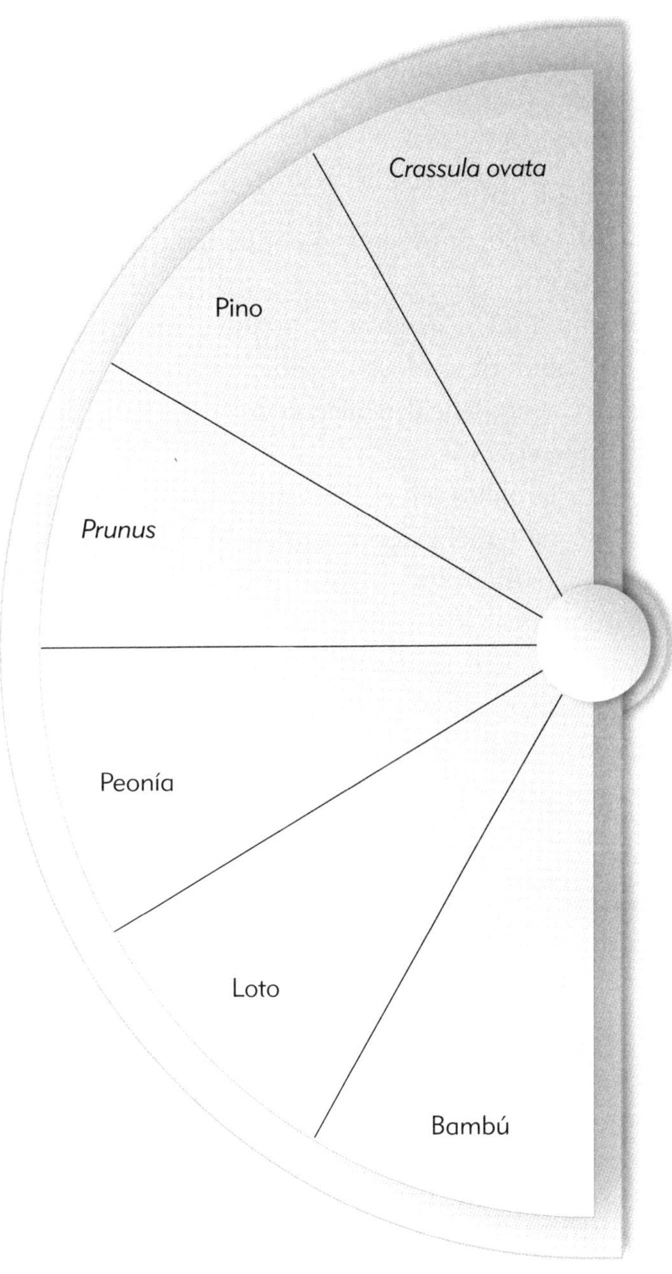
Crassula ovata
Pino
Prunus
Peonía
Loto
Bambú

Búsqueda de una representación simbólica favorable con el péndulo

Kwan-Yin: protección de la mujer (idéntica a la Virgen occidental).

Lao-Tsé (sabio, representado por un búfalo): inteligencia y éxito.

Siete inmortales (que han alcanzado el nivel más alto de la sabiduría): colocados sobre un altar, sin separarlos

Buda risueño: felicidad, alegría de vivir, riqueza interior y material.

Cintas y farolillos (en el Tíbet, portadores de mensajes): alegría (en el exterior, porque el viento vehicula los deseos).

Petardos: cazan los malos espíritus (para el año nuevo, en un entierro, en una mudanza).

Jade: protector contra los peligros (para llevar encima).

Monedas chinas (unidas entre ellas por una cinta roja): prosperidad (en la entrada de la casa, orientadas hacia el sureste, o en un bolso o en el monedero).

Fuentes: dinero.

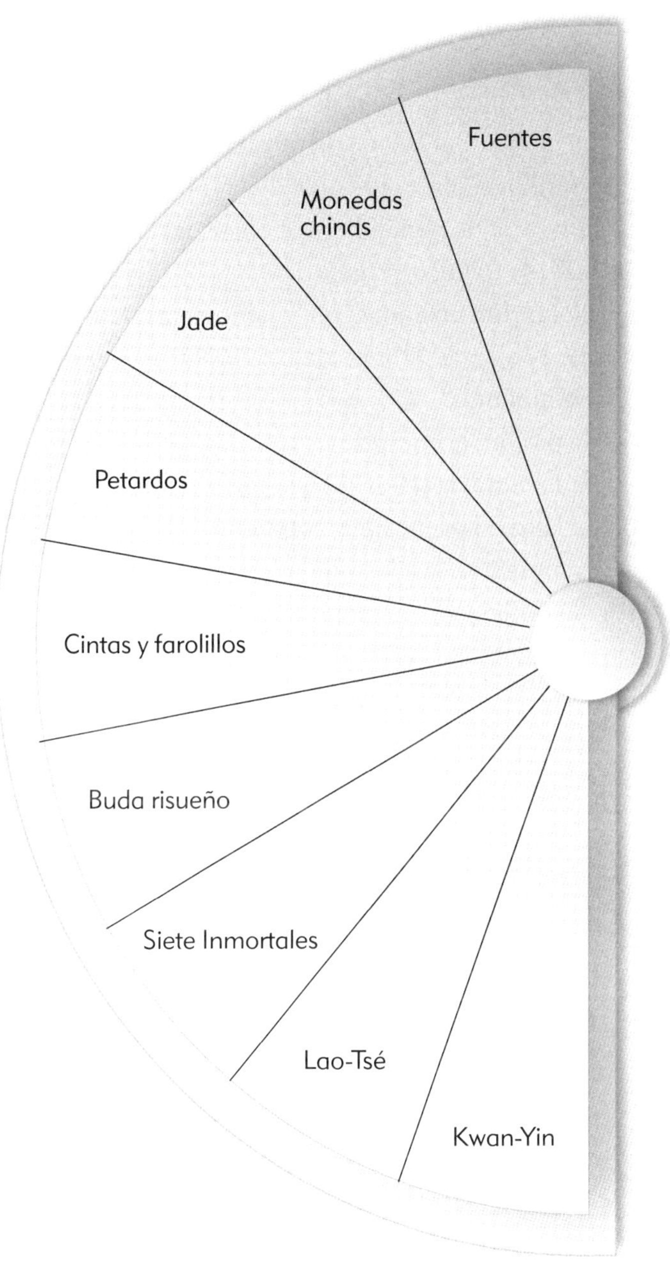

Fuentes
Monedas chinas
Jade
Petardos
Cintas y farolillos
Buda risueño
Siete Inmortales
Lao-Tsé
Kwan-Yin

Búsqueda de un color favorable con el péndulo

Blanco (en China, el color de la muerte; la apertura a una nueva vida): el karma, la pureza.

Negro (en Occidente, el color de la muerte, la desaparición de la personalidad): la angustia, la soledad.

Gris: la duda (blanco + negro)

Amarillo: el dinamismo, el intercambio, la comunicación.

Naranja: la alegría, la felicidad, la exteriorización de los sentimientos.

Rojo: la pasión, la energía.

Rosa: la ternura, la seguridad, la protección.

Violeta: la paz, la delicadeza, el sueño.

Azul: la intuición, la sensibilidad, la profundidad.

Verde: la tonicidad, la regeneración, la calma.

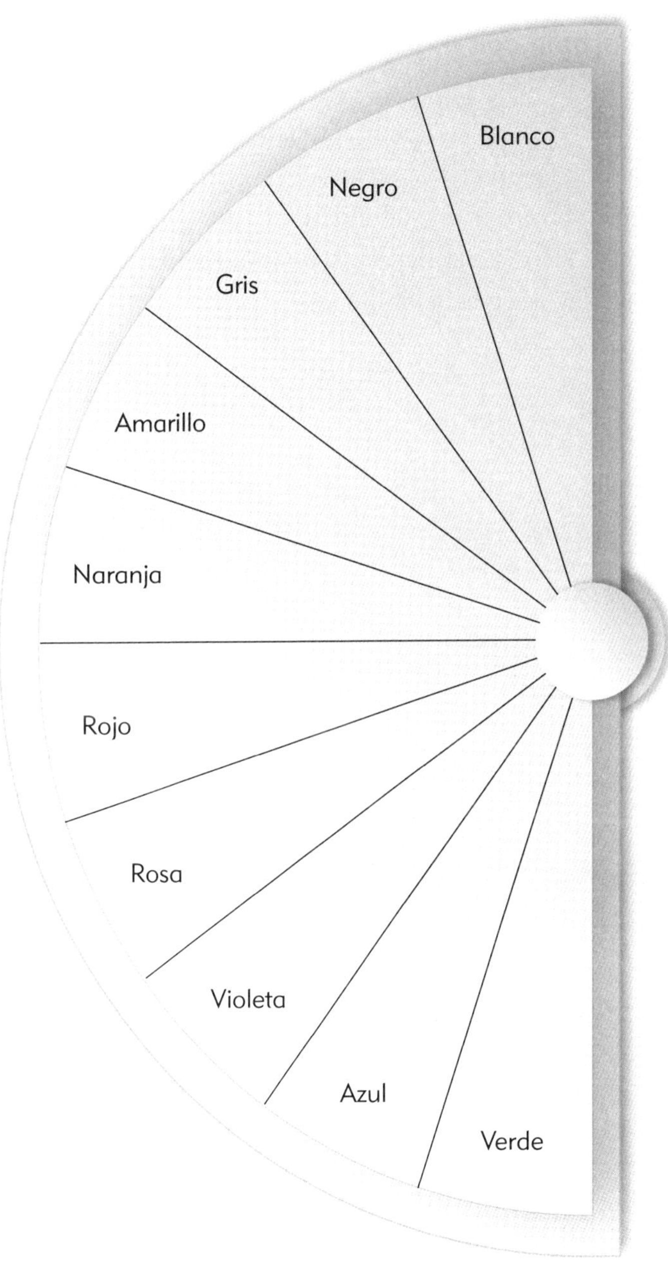

Blanco
Negro
Gris
Amarillo
Naranja
Rojo
Rosa
Violeta
Azul
Verde

Búsqueda de un elemento favorable con el péndulo

Metal: favorece la organización, la estructura.

Madera: favorece la apertura.

Vidrio: favorece la estabilidad.

Fuego: favorece la alegría, la comunicación.

Agua: favorece la flexibilidad.

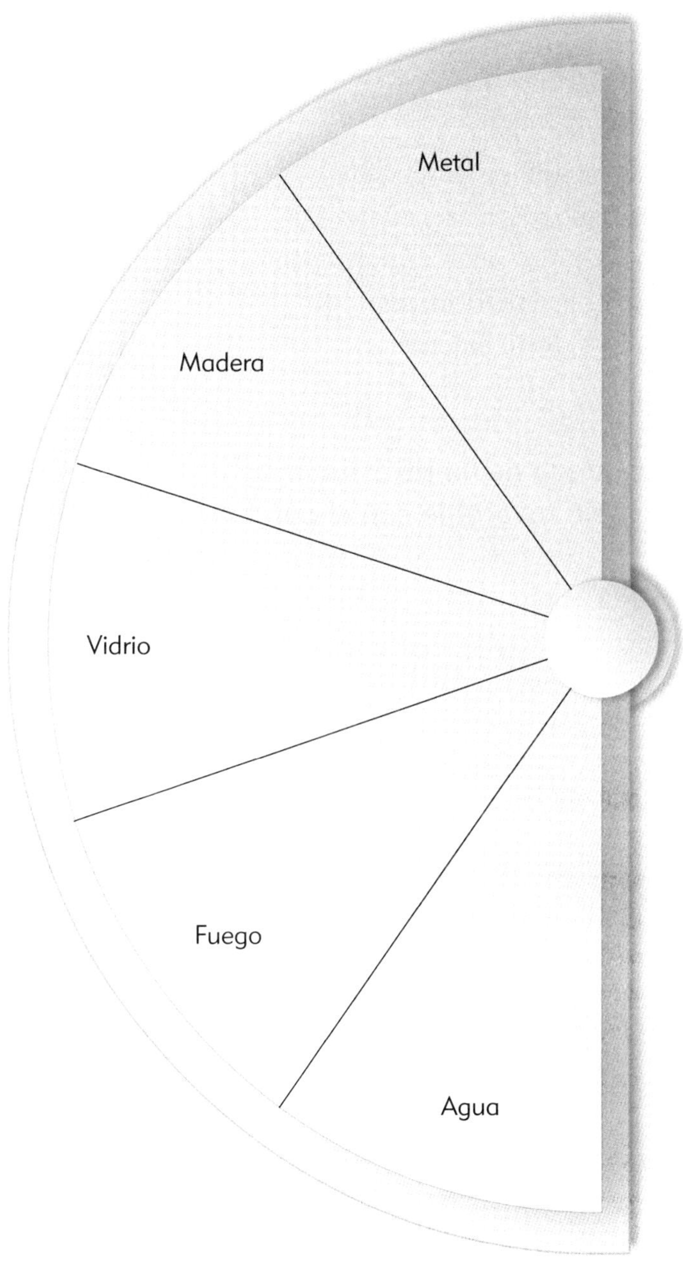

Metal
Madera
Vidrio
Fuego
Agua

Búsqueda de un motivo favorable (para el papel de la pared) con el péndulo

Flores: feminidad.

Manchas difusas: dispersión.

Cuadrados: rigidez.

Líneas, rayas: ganas de movimiento.

Formas geométricas: seguridad.

Puntos: efecto hipnótico.

Búsqueda de un revestimiento para el suelo favorable con el péndulo

Piedra (yang): anclaje, seguridad.

Hormigón, cemento (muy yang): racionalismo.

Baldosas: anclaje, organización.

Parqué (yin): cuidado con el sentido de las flechas.

Vinilo: simplicidad, falta de ambición y de esfuerzo.

Alfombra: frena la energía vital.

Alfombra sobre moqueta: necesidad de ternura, de protección.

A continuación te ofrezco un cuadrante «virgen» para que puedas desarrollar por ti mismo las herramientas que mejor se adapten a tus búsquedas personales.

Búsqueda de un número favorable con el péndulo

1 = independencia y acción.
2 = sensibilidad y receptividad.
3 = creatividad y comunicación.
4 = estabilidad y construcción.
5 = cambios y desplazamientos.
6 = amor y armonía.
7 = sabiduría y profundidad.
8 = materialidad y concretización.
9 = humanismo y entrega.

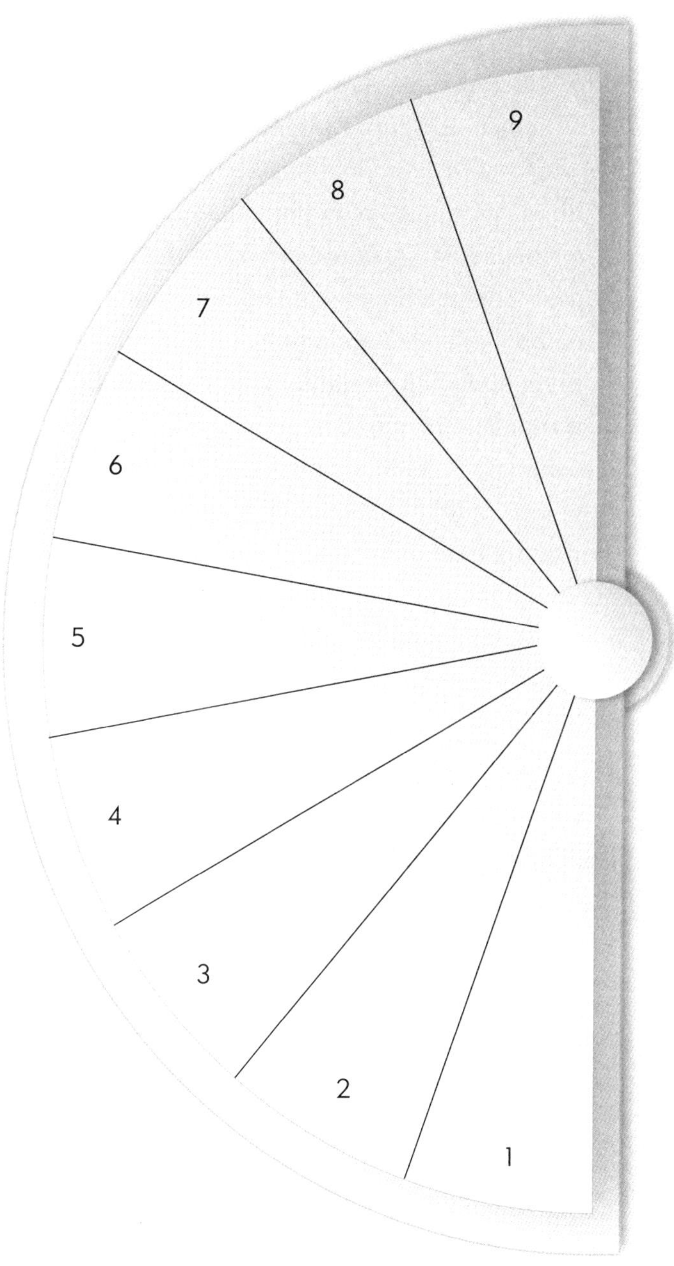
9
8
7
6
5
4
3
2
1

LA RADIESTESIA MÉDICA

Esta es la aplicación «por excelencia» de la radiestesia. Si hay un área en la que el péndulo es «rey», es la radiestesia médica. Es valiosa por partida doble:

- En el *diagnóstico*: para detectar las patologías (enfermedades), el estado general de la persona objeto de la consulta y lo que en radiestesia se conoce como «tasa de vitalidad».
- En el establecimiento lo más adaptado posible de un *tratamiento* que corresponda a las afecciones detectadas en la fase de diagnóstico.

Por tanto, cualquier trabajo de radiestesia médica se efectúa en dos tiempos, que corresponden a esas dos fases sucesivas: diagnóstico y tratamiento. Antes de seguir, conviene precisar que la persona objeto del trabajo de radiestesia médica puede ser:

- El mismo radiestesista, por supuesto, para conocer el estado de su salud y, en función de la necesidad, regular sus disfunciones patológicas con el tratamiento apropiado.
- Otra persona: un miembro de su familia (pareja, padres, hijos); alguien de su entorno personal, o un desconocido (en el caso de los radiestesistas profesionales, a los que no está destinada esta obra de iniciación, o de un radiestesista principiante con nociones básicas de anatomía, fisiología y medicinas alternativas). Por rigor deontológico,

un radiestesista principiante se abstendrá de pasar consulta a desconocidos. Sin embargo, sí puede progresar (con las láminas y los cuadrantes) aplicándose los consejos que se dan en este capítulo a sí mismo o a miembros de su familia. No hay ningún problema ético en querer aplicarse a sí mismo o a su familia el método de trabajo en radiestesia médica ofrecido por este libro.

Hay tres maneras de trabajar en radiestesia médica:

- Cuando se trabaja sobre uno mismo, se aplica pura y simplemente la convención mental personal y se utiliza el índice de la mano libre como antena, desplazándolo por encima de las láminas y los cuadrantes.
- Cuando se trabaja sobre otra persona, hay dos variantes:
  » Si se trata de alguien físicamente presente, se coloca el péndulo directamente en la vertical a su cuerpo (la parte del cuerpo varía en función de la naturaleza de la consulta).
  » Si la persona no está, se coloca el péndulo en vertical a su TESTIGO (obligatorio en este caso; el testigo ideal en radiestesia médica es una fotografía de la persona sobre la que se trabaja).

En estos dos últimos casos (otra persona, presente o ausente), el empleo de láminas y cuadrantes también se hace utilizando el índice de la mano libre a modo de antena (igual que en el primer caso).

Dicho esto, a continuación voy a presentarte un método sencillo que podrás aplicar aunque estés empezando. Algunas obras de radiestesia médica proponen unos métodos tan complejos que a veces uno se pregunta quién puede conseguir ponerlos en práctica correctamente... aparte de aquellos que los han establecido, por lo general por sí mismos y después de varias decenas de años de práctica. Estos métodos están basados en tableros, reglas, tablas y cuadrantes imposibles de leer sin un descodificador. Aquí no encontrarás nada de todo eso, sino, una vez más, un método sencillo, claro, lógico y coherente. Ahora, te dejo que lo descubras.

Primera fase: el diagnóstico

En radiestesia médica, lo normal es que, antes de establecer un diagnóstico, se realice la búsqueda de lo que se conoce como «tasa de vitalidad». Los médicos, por su parte, prescriben con razón (aunque algunos abusen de ello, pero ese es otro tema) todo tipo de análisis biológicos o radiológicos para confirmar su exploración y su diagnóstico.

En radiestesia no. Un radiestesista no es un médico en ningún caso y es fundamental que insista aquí en eso. Los elementos proporcionados por el trabajo en radiestesia médica no tienen en absoluto carácter médico, sin confusión posible, que quede bien claro. Los radiestesistas no son médicos y no deben tomarse por médicos.

Volviendo al diagnóstico, como el radiestesista no tiene posibilidad de prescribir análisis biológicos o radiológicos (ni siquiera de tomar la tensión: esta es una intervención médica deontológicamente prohibida para un radiestesista), buscará la «tasa de vitalidad». La tasa de vitalidad de una persona (o de un animal o de una planta, de todo organismo vivo) es la medida de la energía que circula en ella. Esta medida se expresa en porcentajes. Algunos radiestesistas prefieren llamarla «tasa vibratoria». Esta tasa de vitalidad depende de múltiples parámetros:

- Memoria genética.
- Bloqueos energéticos.
- Barreras psicológicas.
- Carencias nutricionales.
- Intoxicación de tejidos por metales pesados.
- Inmunodepresión del organismo.
- Cronicidad de ciertas patologías descuidadas.
- Una higiene de vida inadecuada (sedentarismo...).
- Malos hábitos (tabaco, alcohol...).
- Perturbaciones electromagnéticas.
- Alergias.
- Atmósfera contaminada.

La lista está lejos de ser exhaustiva; cada cual lo comprenderá y añadirá, según su necesidad, elementos que conozca sobre sí mismo y que actúen como factores negativos para su salud, física y mental.

Para calcular la tasa de vitalidad, conviene trabajar con un cuadrante graduado de 0 (izquierda) a 100 (derecha).

Con el índice de la mano libre, señalamos hacia el interior de la muñeca (donde normalmente se mide el pulso) del brazo izquierdo de la persona (si esta está presente) o en la vertical de su foto o del testigo que tengamos de ella (si está ausente). Colocamos el péndulo sobre el centro del cuadrante y se inicia una oscilación vertical (a lo largo de la línea media: 50). Al cabo de un breve instante, el péndulo comienza una rotación hacia la derecha (¡es preferible!) o hacia la izquierda (es preocupante). La amplitud de la rotación es lo que determina la tasa de vitalidad.

La graduación del cuadrante «nos habla»:

- Más allá de 70 (raro, solamente en los jóvenes): salud excelente.
- 70: umbral de la buena salud.
- Entre 60 y 70: pequeños problemas de salud.
- Entre 50 y 60: atención, mala salud (buscar la causa).
- Entre 40 y 50: alerta, enfermedad seria declarada.
- 40: umbral de patologías graves como el cáncer.
- Por debajo de 40: grave amenaza para la vida.
- Por debajo de 30: muerte cercana.
- Por debajo de 20: tasa que muestran los vegetales secos.

Si eres principiante en el campo de la radiestesia, comprueba cómo funciona este cuadrante de la tasa de vitalidad y te sorprenderás. Te animo a que tomes una flor y una hoja muerta. Calcula la tasa de vitalidad de la flor y la de la hoja muerta: ¡es impresionante! Para la flor (vegetal en pleno crecimiento), la rotación del péndulo será de

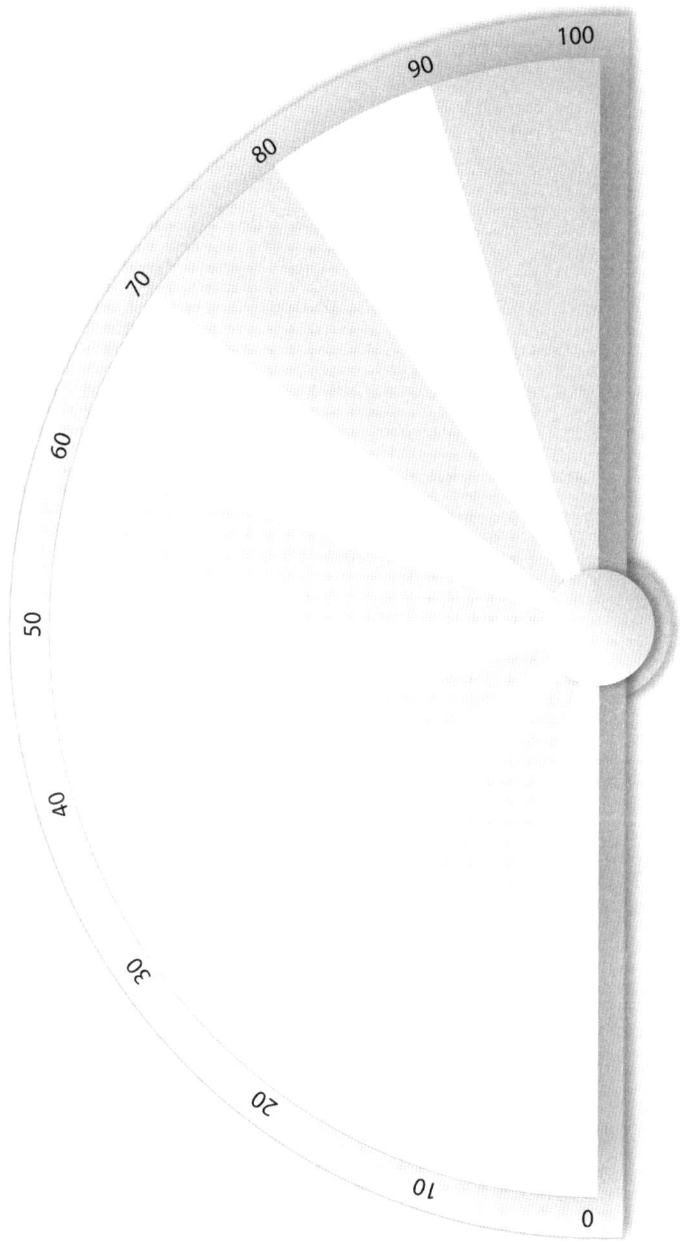

0
10
20
30
40
50
60
70
80
90
100

una hermosa amplitud hacia la derecha (más allá de 70). Sin embargo, para la hoja muerta, la rotación estará por debajo de 20.

Para establecer el diagnóstico en radiestesia, se utilizan láminas de anatomía. Te aconsejo la excelente obra de Jocelyne Fangain, *Planches-Cadrans de Radiesthésie médicale* [Láminas y cuadrantes de radiestesia médica]. También puedes utilizar un atlas de anatomía y, si eres principiante, una enciclopedia o incluso un diccionario bastarán (todas estas obras suelen contener láminas de anatomía).

Para dar con *lo que no va bien*, hay que proceder metódicamente, aplicando el mismo método que con la búsqueda de personas desaparecidas: yendo de mayor a menor. Con las personas desaparecidas, partíamos de un planisferio para llegar hasta el plano del centro de la ciudad. En el caso del diagnóstico de radiestesia, partiremos de una lámina de anatomía general para llegar a un órgano e, incluso, si procede, a una parte precisa de ese órgano.

De modo que lo primero que hacemos es revisar los grandes «sistemas», siempre con el mismo procedimiento (apuntando con el índice de la mano libre a la lámina de anatomía y el péndulo vertical al interior de la muñeca del brazo izquierdo de la persona, si está presente, o vertical a su foto o a cualquier otro testigo si no lo está):

- Esqueleto.
- Sistema nervioso.
- Sistema circulatorio.
- Aparato digestivo.

- Vías urinarias.
- Sistema endocrino.
- Aparato genital.
- Musculatura.

Una vez localizado de forma global el sistema que está fallando (puede haber varios y, en ese caso, hay que proceder sucesivamente, siempre con orden y método), afinamos la búsqueda. Suponiendo que la disfunción percibida por el péndulo sea única y afecte solamente al aparato digestivo (es el ejemplo que vamos a tomar), se necesita una nueva lámina de anatomía dedicada solamente a esta área corporal.

A continuación, buscamos la zona del aparato digestivo que está afectada:

- Boca.
- Esófago.
- Estómago.
- Hígado.
- Vesícula biliar.
- Páncreas.
- Duodeno.
- Intestino delgado.
- Colon.

Supongamos (de nuevo, se trata de un ejemplo para ilustrar el método) que el órgano afectado que el péndulo pone en evidencia es el colon y que a la pregunta de «¿el señor X (nombre de la persona) está estreñido?», la respuesta es sí. Afinamos entonces la búsqueda preguntando por la causa de este estreñimiento:

- Alimentación desequilibrada: demasiada grasa, demasiado azúcar.
- Alimentación pobre en fibra (muy poca fruta, verduras, cereales).
- Mala higiene intestinal, a menudo por falta de tiempo.
- Comida realizada en malas condiciones (muy rápida, sin masticar lo suficiente).
- Tensión nerviosa, agotamiento.

Y, para afinar todavía más la búsqueda, preguntamos por las manifestaciones de este estreñimiento:

- Hinchazón.
- Flatulencia.
- Eructos, reflujo gastroesofágico.
- Emisión de gases malolientes.
- Despertar difícil.
- Lengua pastosa.
- Aliento fétido.
- Tez terrosa, biliosa.
- Náuseas.
- Somnolencia posprandial.
- Sensibilidad excesiva al frío.
- Irritabilidad, inestabilidad, mal humor.
- Migrañas.

Hemos visto cómo hay que proceder, yendo de lo general a lo local, afinando poco a poco la búsqueda, siempre persiguiendo una precisión mayor. Es solo al final de esta verdadera investigación, una vez realizado el diagnóstico, cuando se aborda la segunda fase de la radiestesia médica, que va dirigida a encontrar la terapia mejor adaptada.

Segunda fase: el tratamiento

Una vez que se ha localizado el problema, es decir, que se ha establecido un diagnóstico (en el ejemplo que he elegido sería el estreñimiento), de lo que se trata es de buscar el tratamiento más adecuado posible para la regulación de la disfunción revelada por el péndulo. Esta aplicación práctica de la radiestesia es, sin duda alguna, uno de los elementos que más contribuyen al éxito de este «arte», y es que, a través de la interrogación minuciosa y sucesiva sobre los distintos cuadrantes, se llega a establecer un protocolo idealmente adaptado para cada caso.

No dispongo de páginas suficientes en esta obra para publicar todos los cuadrantes que se utilizan en la práctica de la radiestesia médica. El libro, ya mencionado antes, de Jocelyne Fangain, *Planches-Cadrans de Radiesthésie médicale*, muestra más de ochenta láminas que permiten efectuar un verdadero «chequeo» por radiestesia. Consta igualmente de dos cuadrantes «vírgenes» al final para que el radiestesista pueda desarrollar por sí mismo herramientas adaptadas a sus investigaciones personales.

Aquí, seguiremos con el ejemplo que utilizábamos en la primera parte de este apartado. Como el péndulo ha «hablado» y revelado un estreñimiento, propongo el siguiente cuadrante para esta afección. Interrogando uno a uno sobre cada segmento de este cuadrante conseguiremos precisar cuál es el remedio mejor adaptado. Y es que las causas del estreñimiento son múltiples y, en consecuencia, las plantas o los nutrientes que pueden regular el tránsito también. Es posible que el péndulo indique dos remedios o incluso tres (no es frecuente que sean más) de entre los diez que propone el cuadrante.

A modo de ejemplo, he aquí, pues, el cuadrante «Estreñimiento»:

- Salvado de trigo.
- Zumo de ciruela.
- Maná.
- Semillas de lino.
- Aloe vera.
- Levadura de cerveza.
- Frángula.
- Fresno.
- Malva.
- Ruibarbo.

Salvado
de trigo
Zumo de
ciruela
Maná
Semillas
de lino
Aloe vera
Levadura de cerveza
Frángula
Fresno
Malva
Ruibarbo

1.er chakra	Raíz	Coral rojo	Fecundidad, vitalidad, supervivencia
2.º chakra	Sacro	Jade amarillo	Sensualidad, placer, deseo
3.er chakra	Solar	Ojo de tigre	Poder, afirmación, autoridad
4.º chakra	Corazón	Malaquita	Amor, elevación, emoción
5.º chakra	Laringe	Perla	Creatividad, expresión, comunicación
6.º chakra	Tercer ojo	Lapislázuli	Telepatía, facultades extrasensoriales
7.º chakra	Corona	Cuarzo rosa	Espiritualidad, inteligencia, sabiduría

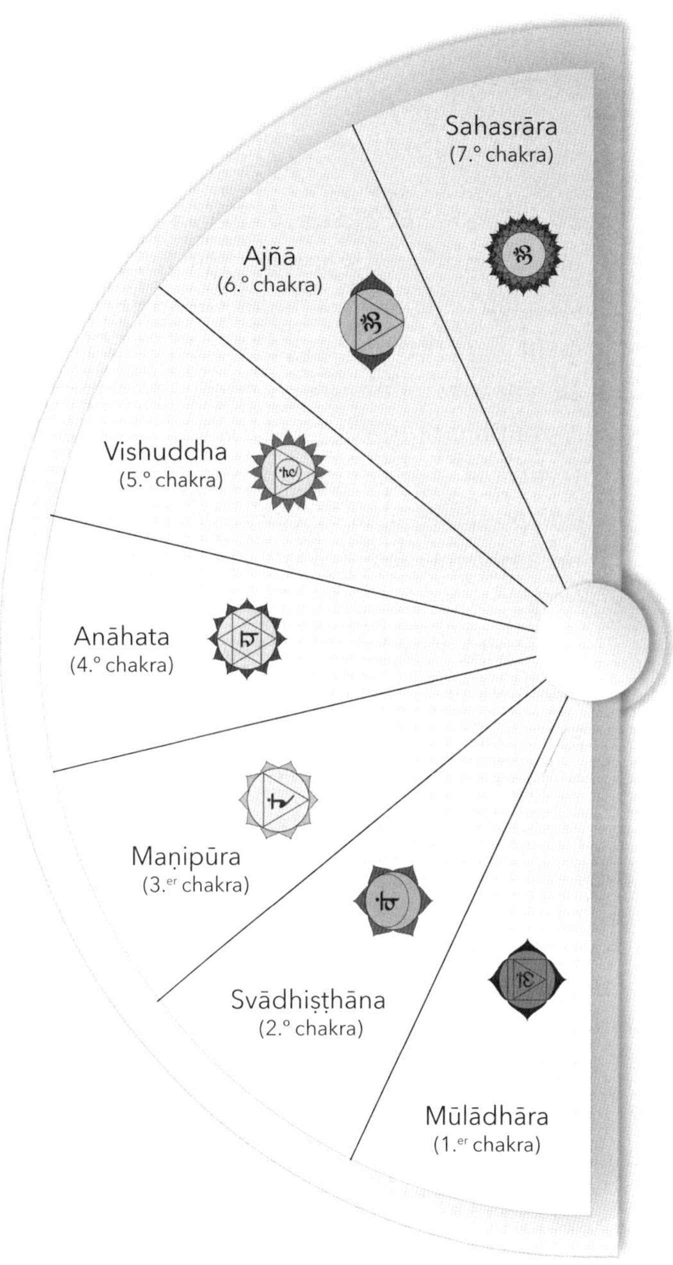

Sahasrāra
(7.° chakra)
Ajñā
(6.° chakra)
Vishuddha
(5.° chakra)
Anāhata
(4.° chakra)
Maṇipūra
(3.er chakra)
Svādhiṣṭhāna
(2.° chakra)
Mūlādhāra
(1.er chakra)

El trabajo con los chakras

La principal aplicación de la radiestesia médica «activa» (es decir, con un péndulo emisor) es el trabajo con los chakras:

- En un principio, para distinguir con exactitud dónde se sitúan los nódulos que bloquean la circulación de la energía, fuente de malestar físico y mental, de disfuciones orgánicas, de la perturbación de los emuntorios[*]..., fuente de patologías.
- A continuación, para *trabajar* con el péndulo en vertical al chakra bloqueado (cuando la persona está presente; si no, se coloca vertical a su testigo, preferiblemente una fotografía, y se apunta con el índice de la mano libre a un chakra de la lámina siguiente). Este trabajo permite desbloquear la situación, deshacer el nódulo energético y restaurar la libre circulación de la energía a través del cuerpo, para irrigar las células, revitalizar los tejidos y estimular los órganos.

En teoría y a condición de saber utilizarlos, todos los péndulos emisores pueden servir para trabajar con los chakras, pero existe una predilección natural y comprensible por los péndulos fabricados con minerales y, entre ellos, por encima de todos, por los de cristal de roca o cuarzo rosa (consulta el capítulo siguiente, «Haz tu elección»).

---

[*] Órganos, glándulas o conductos cuya función es la eliminación de residuos metabólicos.

Estos son los péndulos doblemente emisores (por su forma y por su materia) que mejor funcionan. Si hubiera que elegir, lo mejor sería:

- El péndulo egipcio de cristal de roca.
- El péndulo egipcio de cuarzo rosa.
- El péndulo 7 chakras.
- El péndulo 7 chakras + bola (para el trabajo directo).
- El péndulo 7 chakras + punta (para el trabajo indirecto con testigo).

Para una documentación más completa sobre radiestesia médica, consulta la obra de Jocelyne Fangain *Cours complet de radiesthésie médicale* [Curso completo de radestesia médica].

Capítulo 4

HAZ TU ELECCIÓN

Péndulo bola de boj

Péndulo ligero, sensible. Entra en movimiento rápidamente en cuanto se hace la pregunta. Efectúa rotaciones amplias (lo cual da confianza a los principiantes). Es el primer péndulo que uno compra para iniciarse.

Su forma esférica (puramente receptiva), la nobleza del material del que está hecho (boj), su tacto liso, su ligereza, su sensibilidad... son todo ventajas a la hora de descubrir paso a paso el funcionamiento de un péndulo.

Nivel	Principiante
Categoría	Receptor
Material	Madera de boj
Forma	Esférica
Peso	Ligero (14 g aproximadamente)
Usos	Iniciación a la radiestesia en todas las áreas Establecimiento de la convención mental personal Aprendizaje en forma de pruebas Primeros trabajos sencillos

Péndulo del sanador

Se trata de uno de los primeros péndulos que adquiere el radiestesista que ha terminado su aprendizaje y quiere acceder a las aplicaciones de la radiestesia médica.

Nivel	Principiante en radiestesia médica		
Categoría	Receptor y emisor (material)		
Forma	Cónica		
Materiales	Cuarzo	Hematita	Jaspe rojo
Peso	Ligero (9 g aproximadamente)	Ligero (12 g aproximadamente)	Ligero (9 g aproximadamente)

Usos	• Radiestesia médica *activa* • Revitalización • Regeneración • Rearmonización	• Radiestesia médica • Depuración • Drenaje • Estimula los emuntorios	• Favorece el arraigamiento • Facilita la concretización de los proyectos • Estimula el descubrimiento del potencial individual
Comentarios	La sensibilidad extrema de este péndulo tan ligero lo convierte en una valiosa herramienta para todos los trabajos minuciosos de radiestesia médica emisora, activa, principalmente *directa* (directamente sobre la persona y no con testigo)	Se muestra útil en el área específica de las toxinas que contaminan los tejidos y de los residuos que asfixian a las células	Tiene unas aplicaciones muy específicas que le son conferidas por el material precioso del que está hecho

Péndulo «Bola»

Como en el caso de los péndulos esféricos de piedra natural, el principiante es quien elegirá entre los distintos materiales, en función de su *feeling* personal y de las indicaciones específicas de la piedra. Existen péndulos «bola» de hematita, jaspe rojo, ojo de tigre, cristal de roca, cuarzo rosa, labradorita, sodalita y aventurina.

Nivel	Principiante		
Categoría	Receptor y emisor (material)		
Forma	Esférica		
Materiales	Hematita	Jaspe rojo	Ojo de tigre
Peso	Ligero (18 g aproximadamente)	Ligero (19 g aproximadamente)	Ligero (19 g aproximadamente)
Usos	• Búsqueda y regulación de energías negativas • Búsqueda y regulación de ondas negativas	• Radiestesia médica • Estimulación del organismo • Revitalización, regeneración	• Radiestesia médica • Detección de terrenos fisiológicos • Recarga energética

Comentarios		Ideal para dar los primeros pasos.	Permite familiarizarse progresivamente con las láminas de anatomía y los cuadrantes.

Materiales	Cristal de roca	Cuarzo rosa	Labradorita
Peso	Ligero (18 g aproximadamente)	Ligero (18 g aproximadamente)	Ligero (18 g aproximadamente)
Usos	• Radiestesia médica, armonización • Purificación, clarificación mental, liberación de las angustias	• Radiestesia médica • Cura de las heridas afectivas • Aporte de dulzura, serenidad, amor	• Radiestesia médica, acupuntura • Trabajo sobre el bloqueo de la energía • Estimulación de la vitalidad
Comentarios	Este es el primer péndulo de cristal de roca que hay que adquirir, por su forma esférica receptora y el poderoso efecto amplificador de este maestro de cristal, que permite iniciarse en la radiestesia activa	Si no te decides por el péndulo esférico de cristal de roca, este es el que debes adquirir para dar los primeros pasos en radiestesia médica activa emisora	El mineral en el que está fabricado este péndulo le confiere funciones emisoras con una doble aplicación: en el trayecto de los meridianos de acupuntura y en vertical a los nódulos que perturban la circulación de la energía

Materiales	Sodalita	Aventurina
Peso	Ligero (18 g aproximadamente)	Ligero (19 g aproximadamente)
Usos	• Radiestesia médica • Tratamiento del insomnio • Regulación del estrés	• Radiestesia médica • Estimulación de la inmunidad • Ayuda a borrar las cicatrices del alma y del corazón
Comentarios	Este péndulo es ideal en radiestesia médica para apaciguar las tensiones nerviosas y favorecer el sueño	Posee una función emisora sutil en un área doble: la capacidad de autosanación por estimulación de las defensas naturales y la de borrar traumas del pasado

Péndulo en punta

Los péndulos en punta se utilizan al final de la fase de iniciación, una vez que nos hemos familiarizado bien con el manejo del péndulo bola y que queremos emprender búsquedas que necesiten una mayor precisión (conferida por el extremo en punta).

Nivel	Principiante, en una segunda fase
Categoría	Receptor y emisor (material)
Forma	Esférica + punta de metal
Peso	Medio (25 g aproximadamente)
Materiales	Boj (solo receptor) Hematita Jaspe rojo Ojo de tigre Cuarzo rosa Aventurina Labradorita Sodalita

Péndulo cono

Este péndulo con montura de plata y disponible en distintos materiales permite una auténtica purificación de los elementos nocivos que «contaminan» el organismo.

Nivel	Principiante	
Categoría	Receptor y emisor (material)	
Forma	Cono	
Peso	Ligero (14 g aproximadamente)	
Originalidad	Péndulo con montura de plata	
Materiales	Cristal de roca, cuarzo rosa, amatista	Labradorita
Usos	• Radiestesia médica • Eliminación de los residuos que obstruyen los tejidos • Eliminación de las toxinas que asfixian a las células	• Radiestesia médica • Trabajo sobre la memoria • Protección del hábitat, protección de las personas • Este péndulo se lleva a veces como colgante, a modo de talismán protector contra la adversidad, los hechizos y la enfermedad

Péndulo Merkaba

Este péndulo es original por su forma: dos tetraedros imbricados el uno en el otro. Esta forma estrellada tan particular simboliza la unión de los dos principios: el masculino y el femenino. Se encuentra a veces coronado por una pequeña esfera y acompañado de una punta o incluso rodeado de plata. Existe en cristal de roca, cuarzo rosa o amatista.

Nivel	Radiestesista confirmado
Categoría	Doblemente emisor (forma, material)
Forma	Original
Peso	Muy ligero (8 g aproximadamente)
Material	Amatista, cristal de roca, cuarzo rosa
Usos	• Reciprocidad del afecto • Consolidación de la pareja • Trabajo sobre la fidelidad

Péndulo arquitecto

Este péndulo «estrella» de la radiestesia es muy estético, con sus anillos o espaldones en la parte superior, lo redondeado de su cuerpo y su punta extremadamente afilada. De una gran sensibilidad, su peso elevado permite utilizarlo en el exterior, al no afectarle el viento.

Nivel	Iniciado
Categoría	Receptor
Material	Metal
Forma	Específica
Peso	Muy pesado (77 g)

Usos	• Geobiología, principalmente en el exterior:
	    - Búsqueda de un terreno
	    - Ubicación de una casa
	• Localización de faltas de armonía vibratoria, *feng Shui*

Péndulo egipcio

Este péndulo, a veces también llamado Thot, es una pura maravilla por su forma, los materiales con los que se fabrica, su pureza y su alta sensibilidad; permite a los radiestesistas confirmados seguir progresando en el área del diagnóstico médico y del trabajo sutil que necesita la estimulación de la energía.

Nivel	Radiestesista confirmado		
Categoría	Doblemente emisor (forma, material)		
Forma	Original		
Peso	Medio (de 20 a 25 g aproximadamente, según el material)		
Materiales	Cristal de roca	Cuarzo	Labradorita
Usos	• Radiestesia médica, purificación • Armonización, desbloqueo de la energía • Revitalización, regeneración	• Radiestesia médica • Alivia las penas del corazón • Alivia las heridas afectivas • Apacigua las emociones	• Absorción de energías negativas • Estimulación de las capacidades de autosanación • Borrado de traumas del pasado

Comentarios		Reactivo a las heridas del alma, alivia rápidamente a las personas dañadas por la vida, sea cual sea la razón	Este péndulo tiene un potente poder emisor en radiestesia médica, tanto en el área física como en la mental

Materiales	Aventurina	Sodalita	Hematita
Usos	• Depuración de emociones • Acción calmante, relajante • Trabajo sobre miedos residuales	• Radiestesia médica • Calma a las personas nerviosas, estresadas • Regulación del sueño	• Radiestesia médica • Purificación • Depuración • Estimulación de la circulación
Comentarios	Posee un poder emisor sutil en el área del apaciguamiento de las personas atormentadas y angustiadas	La cualidad emisora de este péndulo le confiere aplicaciones valiosas en radiestesia médica aplicada al área del sistema nervioso	Este péndulo poderosamente emisor se utiliza de manera específica en radiestesia médica para el drenaje de los emuntorios (riñones, hígado, intestinos) y la mejora de la circulación de retorno venoso

Materiales	Boj	Ébano	Palisandro violeta
Usos	• Radiestesia médica, geobiología, telepatía	• Radiestesia médica, geobiología, telepatía	• Radiestesia médica, geobiología, telepatía

| Comentarios | Se trata del primer péndulo egipcio que un radiestesista debe adquirir para iniciarse en el manejo sutil de una herramienta cuya forma emisora permite trabajar en todas las áreas de la radiestesia e ir más allá de la búsqueda y del diagnóstico | El carácter firme y exótico de la madera de ébano hace que algunos radiestesistas se decanten por este tipo de péndulo frente al de boj, al comprar su primer péndulo egipcio | La nobleza de la madera de palisandro es particular y esto la convierte en la tercera alternativa a la hora de decantarse por un péndulo egipcio de madera. Los tres péndulos egipcios de esta tabla comparten los mismos usos, al ser emisores por su forma y no por su materia, que es la madera en el caso de los tres. Sin embargo, una preferencia por la esencia de la madera de palisandro puede ser un criterio de elección |

Péndulo Sensor

Los siete anillos consecutivos de este péndulo de forma tan específica lo convierten en un poderoso receptor destinado al campo particular del área de la telepatía.

Nivel	Radiestesista confirmado
Categoría	Receptor extremadamente sensible
Material	Latón dorado
Forma	Específica
Peso	Medio (33 g aproximadamente)
Usos	• Telepatía, transmisión de pensamientos a distancia • Búsqueda de personas desaparecidas

Péndulo Xeras

Este otro péndulo también se destina a la telepatía debido a su forma original. Se utiliza en trabajos que necesiten un conocimiento muy particular de este *mundo*.

Nivel	Iniciado
Categoría	Receptor muy sensible
Material	Latón dorado
Forma	Alargada, cónica, en punta
Peso	Medio (20 g)
Usos	• Telepatía • Trabajo asociado a bola de cristal, pirámide • Captación de ondas negativas • Geobiología

Péndulo Kito

Este péndulo, muy sensible por su forma afilada y perfectamente equilibrada, es ideal en todas las áreas de lo cotidiano. Detecta la mayoría de las ondas y puede utilizarse tanto en el interior como en el exterior.

Nivel	Principiante, iniciado o confirmado
Categoría	Receptor
Material	Metal bañado en plata o latón dorado
Forma	Perfilada, muy puntiaguda
Peso	Medio (20 a 25 g)
Usos	• Radiestesia • Búsquedas precisas en las que intervienen planos, cartas, dibujos, etc. • Geobiología

Péndulo gota

Este péndulo exclusivamente receptor está pensado para que los principiantes se familiaricen con la radiestesia. Su forma de «gota de agua» (esfera terminada en punta) permite una mayor precisión que la del otro péndulo *clásico* reservado a los principiantes, el bola de boj. Es un péndulo de iniciación excelente.

Nivel	Principiante
Categoría	Receptor
Material	Metal dorado (existe en metal cromado)
Forma	Gota de agua
Peso	Medio (20 g)
Usos	• Aprendizaje de la radiestesia • Pruebas, primeros trabajos • Primeras búsquedas

Péndulo Isis

La forma de este péndulo, llamado también «triángulo dorado», hace que capte las ondas vibratorias de los números. Por eso es muy apreciado por los jugadores en general, desde los que apuestan a las carreras de caballos hasta los que juegan a la lotería.

Nivel	Principiante. Aficionado a los juegos de azar
Categoría	Receptor
Material	Metal dorado
Forma	Específica, de base cónica
Peso	Ligero (12 g aproximadamente)
Usos	• Numerología • Juegos de azar, carreras de caballos • Resiste las ondas nocivas

Péndulo obús

Este péndulo se destina a los mismos usos que el péndulo Isis, pero pesa prácticamente el doble y sus reacciones son mucho más sutiles, lo cual hace que su uso esté reservado a los radiestesistas confirmados.

Nivel	Radiestesista confirmado
Categoría	Receptor
Material	Metal dorado
Forma	Ojiva alargada
Peso	Medio (23 g aproximadamente)
Usos	• Numerología • Juegos de azar, carreras de caballos • Comunicación con el más allá

Péndulo oghma

Este péndulo reservado a los iniciados es un emisor poderoso, muy apreciado en todos los trabajos a distancia sobre plano o mapa que necesitan testigo (en particular, una fotografía).

Nivel	Iniciado
Categoría	Emisor (forma)
Material	Metal dorado
Forma	Específica, alargada
Peso	Medio (46 g aproximadamente)
Usos	• Telepatía • Radiónica • Trabajos a distancia

Péndulo alma

Este péndulo está destinado a los trabajos de geobiología previos a la compra de un terreno, de una casa o de un piso. Es ideal para captar las ondas negativas y también las buenas vibraciones.

Nivel	Radiestesista confirmado
Categoría	Receptor
Material	Metal dorado
Forma	Específica, cónica
Peso	Medio (26 g)
Usos	• Geobiología • Búsqueda de ondas negativas

Péndulo Trouvier

Este péndulo de forma tan particular tiene un carácter polivalente que posibilita su uso en todos los trabajos de búsqueda de objetos perdidos y personas desaparecidas.

Nivel	Radiestesista confirmado
Categoría	Receptor
Material	Metal dorado
Forma	Específica, alargada
Peso	Medio (28 g aproximadamente)
Usos	• Trabajos de todo tipo sobre plano, mapas, cuadrantes... • Búsqueda de personas desaparecidas

Péndulo Mermet

Este péndulo tan popular debe su nombre al abad Mermet (1866-1937), pionero de la radiestesia, quien lo concibió para facilitar sus trabajos de prospección al aire libre en busca de fuentes o de metales (lo llamaban «el príncipe de los zahoríes»).

Es el péndulo ideal para trabajar en el exterior (gracias a su peso) con ayuda de un testigo (que se coloca en el interior del péndulo).

Nivel	Radiestesista confirmado
Categoría	Receptor y emisor (con testigo)
Material	Metal dorado, metal cromado
Forma	Esfera + punta
Originalidad	El cuerpo se desenrosca (para el testigo)
Peso	Pesado (50 g aproximadamente)
Usos	• Trabajos con testigo: búsqueda de personas, objetos perdidos, tesoros… • Geobiología: detección de minerales, fuentes… • Radiestesia médica

Péndulo peonza

La forma original de este péndulo lo hace extremadamente sensible, capaz de detectar las vibraciones más sutiles en todas las áreas.

Nivel	Iniciado
Categoría	Receptor
Material	Metal dorado y bañado en plata
Forma	Específica
Peso	Muy pesado (70 g)
Usos	• Telepatía • Radiestesia médica, trabajo con el inconsciente, búsqueda de personas desaparecidas • Geobiología, detección de ondas nocivas • Distintos usos en el exterior

Péndulo del constructor

Este péndulo extraordinario de siete anillos está concebido según las enseñanzas de la Biblia de Jerusalén. Es un emisor muy potente, reservado para afinar el trabajo de los radiestesistas muy experimentados, en cualquier campo de aplicación de la radiestesia.

Nivel	Radiestesista confirmado
Categoría	Emisor (forma)
Material	Metal dorado o bañado en plata
Forma	Específica
Peso	Ligero (15 g)
Usos	• Geobiología • Búsqueda de maleficios, ruptura de encantamientos • Neutralización de las ondas nocivas en el hábitat, regulación de la falta de armonía energética • Búsqueda de desaparecidos (objetos, animales, personas) • Radiestesia médica

Péndulo TUJ*

El péndulo TUJ es el péndulo de referencia para determinar las oportunidades que se tienen en los juegos de azar.

Nivel	Radiestesista principiante y confirmado
Categoría	Receptor
Material	Metal dorado
Forma	Cónica
Peso	Medio (26 g aproximadamente)
Usos	• Juegos de azar como la lotería o las apuestas

Péndulo TUJ*

---

* T. U. J.: siglas de *Tableur Universel des Jeux* ('tablero universal de juegos').

Péndulo testigo

Es el péndulo de iniciación para los radiestesistas que han finalizado su aprendizaje y desean empezar a utilizar testigos (los radiestesistas confirmados emplean el péndulo Mermet).

Nivel	Principiante
Categoría	Receptor y emisor (con testigo)
Material	Metal
Forma	Esfera + punta
Originalidad	El cuerpo se desenrosca (para alojar el testigo)
Peso	Ligero (26 g aproximadamente)
Usos	• Búsqueda de objetos perdidos • Búsqueda de personas desaparecidas • Trabajo de radiestesia médica con testigo

Péndulo espiral

Se trata del primer péndulo que un radiestesista principiante debe adquirir cuando decide, una vez terminado su aprendizaje, «lanzarse» al *feng shui* y la medicina del hábitat para localizar la energía vibratoria de los lugares. Su forma evoca la llamada «espiral de oro».

Nivel	Principiante
Categoría	Doblemente emisor (forma, materia)
Material	Cobre o latón dorado
Forma	Original
Peso	Ligero (12 g) o medio (28 g)
Usos	• Medicina del hábitat • *Feng shui* • Trabajo con energía vibratoria

Péndulo diamante de cristal

Se trata de un gran «clásico» que se utiliza cuando se ha terminado la iniciación, en todas las áreas de la radiestesia. Preferiblemente debe usarse el modelo pequeño en el interior y el modelo grande al aire libre.

Nivel	Radiestesista confirmado
Categoría	Receptor
Material	Cristal
Forma	Específica
Peso	Dos modelos: ligero (17 g) y medio (25 g)
Usos	• Radiestesia • Búsqueda de los centros energéticos del cuerpo

Péndulo bola de cristal

En este caso también se trata de un péndulo «generalista», que pueden utilizar los radiestesistas experimentados para cualquiera de sus trabajos. El modelo grande, más pesado (41 g), está especialmente indicado para la búsqueda de fuentes o tesoros. En el interior, es preferible el modelo pequeño.

Nivel	Radiestesista confirmado
Categoría	Receptor y emisor (forma)
Material	Cristal
Forma	Esférica
Peso	Dos modelos: ligero (14 g) o medio (41 g)
Usos	• Todas las aplicaciones de la radiestesia • Hipnosis

Péndulo cristal de espejos

Se trata de un péndulo que podemos usar del mismo modo que el péndulo diamante de cristal, aunque tal vez sus indicaciones sean más precisas. Necesita una mejor práctica de la radiestesia.

Nivel	Radiestesista confirmado
Categoría	Receptor
Material	Cristal
Forma	Cónica
Peso	Ligero (8 g)
Usos	• Todas las aplicaciones de la radiestesia

Péndulo siete chakras

Hay varios modelos de péndulos que asocian los siete chakras: algunos contienen piedras que representan los siete colores de los chakras; otros permiten cambiar la piedra del interior enrejado. Véase todo lo referente a las piedras en el capítulo siguiente.

Nivel	Radiestesista confirmado
Categoría	Receptor y doblemente emisor (material y forma)
Material	Metal + 7 piedras naturales
Forma	Original
Peso	Ligero (15 g) o medio (20 g)
Usos	• Radiestesia médica • Trabajo con los chakras, la persona puede estar presente o ausente

Péndulo doble gota de cristal

Este péndulo es de una gran sensibilidad y permite a los radiestesistas confirmados afinar mucho en sus trabajos. Se utiliza para la radiestesia médica.

Nivel	Radiestesista confirmado
Categoría	Receptor y emisor
Material	Cristal
Forma	Original (doble gota)
Peso	Ligero (16 g)
Usos	• Todas las aplicaciones de la radiestesia médica

Péndulo cono de cristal

Este péndulo de cristal, que mide trece centímetros de largo, tiene un peso de más de 100 g, lo cual es excepcional y explica que se utilice como alternativa a las varillas de zahorí en la búsqueda de fuentes y tesoros.

Nivel	Radiestesista confirmado
Categoría	Receptor
Material	Cristal
Forma	Cono alargado
Peso	Muy pesado (100 g)
Usos	• Todas las aplicaciones de la radiestesia en el exterior

Si quieres descubrir un mayor número de modelos, consulta la obra de Jocelyne Fangain *Encyclopédie des pendules* [La enciclopedia de los péndulos], en la que se describen las propiedades de doscientos modelos diferentes.

Capítulo 5

LITOTERAPIA Y RADIESTESIA

EL CUARZO

De todos los minerales, el cuarzo es el más popular, el que más se utiliza en los rituales religiosos, ocultos, mágicos... y en radiestesia. Es la piedra por excelencia de la *New Age* y de la litoterapia. Se trata sencillamente de silicio, un mineral omnipresente en la corteza terrestre bajo las formas más diversas: ópalo, calcedonia, ágata, jaspe, ónix, heliotropo, coralina... y cuarzo, por supuesto.

El cuarzo, que cristaliza en el sistema romboédrico y es uno de los minerales más duros (siete en la escala de Mohs), comprende toda una familia de piedras muy diferentes que se clasifican según su color: cuarzo lechoso (blanco), cuarzo rosa, cuarzo citrino (amarillo), cuarzo ahumado (negro) y, sobre todo, el cuarzo más famoso, el sublime cristal de roca, a menudo comparado con el diamante.

A modo de recordatorio, conviene citar los cuarzos de inclusión, como el «cabello de Venus», característico por sus finas agujas de rutilo, o las «flechas de amor», con finos tallos de turmalina, sin olvidar las formas cristalizadas especiales, como el cuarzo fantasma, el cuarzo ventana, el cuarzo bipiramidal, el cuarzo jacinto, etc.

Aquí nos limitaremos a los dos valiosos tipos de cuarzo con los que se fabrican péndulos: el cuarzo rosa y el cristal de roca.

El cuarzo rosa

El cuarzo rosa es una pura maravilla. Es raro encontrar en la naturaleza una piedra tan agradable de contemplar, con sus suaves matices que parecen irreales. Es un placer tener cuarzo rosa en casa o llevar una joya de cuarzo rosa. ¡Por no hablar del goce de utilizar un péndulo de cuarzo rosa!

Como su propio nombre indica, es de un color rosa que va del rosa más pálido al rosa más vivo, con matices lechosos. Esta coloración se debe a la presencia de manganeso en el silicio.

El cuarzo rosa es el símbolo del amor, de la belleza, de la dulzura, de la ternura. El resplandor de una esfera de cuarzo rosa colocada en un salón aportará paz, quietud, armonía y serenidad. En la habitación de un niño, sus dulces vibraciones le darán seguridad. Por eso es ideal para los niños a los que les cuesta dormir o que se despiertan sobresaltados por la noche debido a las pesadillas.

El cuarzo rosa sana las heridas afectivas más dolorosas, las que más cuesta cicatrizar. Compensa las carencias y los traumas afectivos de la infancia temprana, alivia las penas del corazón. Su contemplación hace que nos amemos más, que nos aceptemos como somos, y nos devuelve una imagen gratificante de nosotros mismos, algo muy útil para aquellas personas a las que les falta confianza en sí mismas o se infravaloran.

El cristal de roca

El cristal de roca es el *cristal maestro* de la litoterapia, su herramienta básica, y puede utilizarse solo o asociado a todas las piedras de color.

Efectivamente, el cristal de roca tiene un poderoso efecto amplificador que potencia las propiedades de las piedras de color con las que se asocia para cualquier acción, porque es de una neutralidad absoluta y puede descomponer la luz en todos los matices del arcoíris.

Encontramos numerosos yacimientos en el mundo entero; los cristales más hermosos vienen de Brasil, Madagascar, el Himalaya, la cordillera de los Andes y los Alpes.

El poder de estos cristales de roca es inmenso y múltiple. Antes que nada, conviene precisar que la palabra *cristal* significa «hielo» en griego (al principio se creía que el cristal de roca era hielo fosilizado). Los sacerdotes y sacerdotisas de la Antigüedad encendían la llama del altar con un cristal de roca (que tiene, en efecto, la capacidad de concentrar la luz del sol). El fuego encendido de este modo se consideraba sagrado. Las hermosas romanas utilizaban la luz concentrada por el cristal de roca sagrado de sus collares para dar más brillo a su belleza. Muchos de los objetos de lujo de aquella época estaban confeccionados en cristal de roca: copas, jarrones, mesas, pero también las tablillas en las que se grababan los textos sagrados.

Los indios cheroquis cortaban el cordón umbilical de los recién nacidos con una hoja de cristal de roca, su piedra fetiche. De forma general, todos los indios acostumbraban a llevar colgada del cuello lo que llamaban la «bolsa medicinal»: su objeto más sagrado, personal, secreto, misterioso e importante. Se trataba de un auténtico ritual. En un saquito muy pequeño de cuero, se introducían algunos objetos minúsculos que solo el dueño conocía: briznas de hierbas medicinales, corteza de árbol, plumas de pájaros… y algunas piedras, entre las cuales casi siempre figura una turquesa, pero siempre, y has leído bien, siempre, un cristal de roca. Esta «bolsa medicinal» los protegía durante toda la vida.

Curiosamente, al otro extremo del mundo, los tibetanos también llevan un bolso fetiche personal, aunque en su caso en la cintura. El bolso tibetano por lo general contiene un pequeño trozo de papel con una oración y, entre otros objetos personales secretos y misteriosos como en el caso de los cheroquis, un cristal de roca siempre. De hecho, los templos tibetanos albergan esferas de cristal de roca, que se conservan con cuidados infinitos. Son los sacerdotes quienes acuden al Himalaya en busca de grandes bloques de cristal de roca para tallarlos, esculpirlos y pulirlos hasta obtener estas formas perfectas. En las civilizaciones precolombinas azteca y maya de América Central y América del Sur encontramos esferas parecidas.

En todas las civilizaciones, los adivinos utilizan esferas de cristal de roca para predecir el futuro (son las famosas «bolas de cristal» de los videntes: la tradición se perpetúa de generación en generación, desde siempre). La mayoría de la gente no da ninguna credibilidad a las capacidades visionarias de quienes consultan estas esferas y se burlan de ello. Pero existe una explicación científica incontestable para el fenómeno adivinatorio para la consulta de dichas bolas de cristal de roca en personas particularmente receptivas. Cuando se mira fijamente una bola durante cierto tiempo, se dice que aparecen «visiones». Lo cierto es que el reflejo de la luz sobre la superficie pulida de la bola de cristal de roca termina por agotar el nervio óptico de la persona concentrada en ella de manera intensa. Cuando esto ocurre, el nervio óptico deja de transmitir imágenes del exterior. La bola termina desapareciendo, difuminándose. Sin estímulo externo sobre el que concentrarse, el ojo empieza a reaccionar a los estímulos internos emitidos por quien observa la bola tan intensamente. Ha dejado de ver lo que se ofrece a su mirada y surge entonces en él otro tipo de percepción, que no procede del ojo sino de la mente.

Más allá de este uso adivinatorio, el cristal de roca es la base de muchos de los rituales religiosos y ocultos de los chamanes y de los sacerdotes brahmanes, sufíes o lamaístas, pero esto es algo que se escapa demasiado del marco de esta obra (merecería un libro entero dedicado en exclusiva, de enfoque más concreto).

Como expresión más perfecta del mundo mineral, el cristal de roca es una piedra fundamental en la radiestesia. Los péndulos más sensibles son los de cristal de roca. Ilumina nuestra consciencia y actúa como un catalizador de energía, a la vez receptor y emisor, lo cual es extraordinario. Su doble cualidad receptora y emisora es otra de las razones de su éxito en radiestesia. Tiene una facultad poco frecuente, la de armonizar y equilibrar. Permite las conexiones sutiles de las vibraciones profundas. El cristal de roca clarifica lo mental, ordena los pensamientos. Favorece poderosamente el desarrollo personal. Purifica; de hecho, es el símbolo de la Virgen, emblema de pureza, castidad, inocencia y fe. El cristal de roca favorece igualmente la lealtad, la fidelidad, la sabiduría. Libra de los malos sueños, los malos pensamientos, los maleficios.

En litoterapia, el elixir de cristal de roca es un verdadero sanador universal, una panacea. Existen numerosos objetos de cristal de roca que pueden mejorar nuestra calidad de vida si los tenemos en casa o los llevamos puestos. Para nuestro entorno: las pirámides, los obeliscos o las esferas. Para nosotros: los cristales sin modificar, las varillas. Y, por supuesto, un péndulo.

LA HEMATITA

En la Edad del Hierro, la hematita era más apreciada y buscada que el oro debido a las propiedades que se le conferían, sobre todo la de facilitar la cicatrización de las llagas y las heridas cuando se aplicaba en polvo sobre ellas. Era, por tanto, la roca preferida de los hombres prehistóricos.

Este óxido de hierro, también llamado oligisto (hematita roja) o limonita (hematita marrón) debe, efectivamente, su nombre a la palabra griega *haema*, que quiere decir «sangre»; de hecho, a menudo se la conoce como «la piedra de sangre». Sin embargo, la hematita no es roja estrictamente hablando, sino más bien negra, con un destello gris acero característico. También se la conoce como «diamante negro». Pero cuando los lapidarios la tallan, la pulen y graban en ella, el agua de enfriamiento que utilizan se tiñe del mismo color rojo que la sangre.

En las tumbas del Valle de los Reyes que bordean el Nilo, las momias tienen la cabeza recostada sobre un reposacabezas de hematita, que evoca el útero original y la vuelta a la vida. Algunas tumbas egipcias incluso tienen las paredes y el techo totalmente recubiertos de hematita por la misma razón. Los egipcios hacían un uso de la hematita parecido al de los hombres del Paleolítico: pulverizaban la piedra y aplicaban el polvo sobre las heridas de los soldados para activar la cicatrización y evitar la infección. También mezclaban este polvo con vino y lo bebían para neutralizar el veneno de escorpión. El polvo de hematita les servía además para preparar un ungüento contra el dolor de las articulaciones.

Hablando de soldados, no puedo dejar de mencionar otra propiedad que antiguamente se le confería a la hematita, la de proteger a los hombres que van a pelear dándoles valor antes del combate. Por eso los soldados de la Antigüedad llevaban en el pulgar un anillo de hematita (el pulgar es el dedo de Marte, el dios de la guerra). La hematita tenía fama de hacerlos invulnerables.

Las minas de hematita de Tutmosis, en Egipto, alimentaban un comercio floreciente que llegaba hasta Persia. Encontramos hematita en las tumbas de la antigua

Babilonia. En Babilonia, de hecho, Azchalias, el lapidario del emperador allá por el siglo I a. C., fabricaba amuletos de hematita para ganarse el favor de los reyes y los jueces, muy útiles, por tanto, a la hora de efectuar una petición o comparecer ante un tribunal.

Dos mil años después, la hematita es la piedra preferida de los abogados, pero también puede aconsejárseles a los psicólogos, o incluso a los asistentes sociales, por qué no, puesto que favorece la escucha de uno mismo para escuchar mejor a los demás y distinguir lo que no va bien. La hematita confiere calma y serenidad frente a la adversidad.

Volvamos, no obstante, a su poder principal, en principio ligado a las enfermedades de la sangre. Los indios de América del Norte, al igual que los egipcios, en otro continente y otro tiempo, bebían una mezcla de polvo de hematita y zumo de granada para combatir la anemia. Curioso, ¿no?

Hoy en día, la litoterapia aconseja la hematita en caso de problemas circulatorios, reglas irregulares o difíciles, hipertensión, anemia, calambres en los miembros inferiores y, de manera general, para purificar la sangre, porque tiene una función depuradora. También está recomendada como un escudo protector contra las energías negativas que nos rodean cuando trabajamos en un entorno hostil, para que no nos impregnen.

Todas estas razones justifican el entusiasmo que despiertan los péndulos de hematita, de todas las formas: esferas, conos, etc.

EL JASPE

Este mineral, cercano a la familia de la calcedonia, se distingue por su opacidad. El origen de su nombre es griego y significa «piedra moteada». En efecto, el jaspe se presenta en una multitud de colores que van del verde al marrón, pasando por el rojo, pues su masa aparece matizada por todo tipo de motivos: rayas, manchas y motas diversas de formas varias, que recuerdan a nubes en el cielo o a paisajes.

Al igual que la calcedonia o también el ágata, a las que el jaspe se asemeja mucho, se trata de una piedra que se presta a innumerables utilizaciones, en función de sus colores y dibujos. Con el jaspe se realizan anillos, sellos, mosaicos e incluso suntuosas molduras para decorar muebles y mesas, sin olvidar los talismanes y los péndulos. En el caso de los péndulos se emplea el jaspe de color rojo.

El jaspe lleva despertando la curiosidad humana desde la Antigüedad. Según el Apocalipsis hebreo, el trono de Dios era de jaspe, al igual que el emblema de san Pedro. Los babilonios lo utilizaban para atraerse los favores del dios de la lluvia y tener buenas cosechas. Curiosamente, encontramos el mismo simbolismo en las tradiciones de los indios de las grandes planicies norteamericanas anteriores a la colonización europea, que usaban el jaspe para ganarse a la divinidad responsable de la lluvia y de la fertilización de las tierras.

En el Egipto antiguo, el jaspe servía para protegerse contra los hechizos.

En la cultura asiria, a las mujeres a punto de dar a luz se les regalaba un amuleto de jaspe para facilitar el parto, tradición que también encontramos en la Europa medieval, mucho más tarde.

Dioscórides aconsejaba aplicar jaspe sobre la herida de la mordedura de la serpiente, por su poder para absorber el veneno. Galeno lo recomendaba en caso de dolor de estómago, indicación que volvemos a encontrar en la litoterapia acompañada de una indicación original: se recomienda dejar reposar jaspe en un vaso de agua durante toda una noche y beberse el agua por la mañana en ayunas, aprovechando que está cargada positivamente por la energía vibratoria de la piedra.

El jaspe parece que favorece el arraigamiento, el desarrollo de la confianza en uno mismo, la concretización de los proyectos personales. Ayuda a que emerja nuestro potencial, nuestra individualidad. También tiene la reputación de volver invencible, en todas circunstancias. De hecho, que sea símbolo de invencibilidad explica el éxito de esta piedra tan original.

El jaspe hace soñar. En Inglaterra, los collares de jaspe tienen un gran éxito entre las mujeres que desean gustar, atraer la mirada de los hombres.

LA AVENTURINA

La aventurina es una piedra excepcional, suave al tacto cuando está pulida, infinitamente suave. Los ingleses tienen una palabra que describe exactamente esta propiedad, *touchstone*, literalmente, «piedra para tocar», de lo que se deduce un efecto táctil. Es una piedra para llevar en el bolsillo y guardar en el hueco de la mano durante un instante cada vez que necesitemos sentir sus beneficiosas influencias.

Este cuarzo está salpicado de mica y hematita, lo cual le da un color verde indefinido, pastel. Su nombre viene del italiano *a ventura*, que se traduce como «por azar»: un día, a un artesano de Murano se le cayeron accidentalmente unas esquirlas de cobre en una cubeta de vidrio fundido y la mezcla, al enfriarse, tomó un aspecto de purpurina precioso. La aventurina natural presenta este mismo aspecto de purpurina tan armonioso cuando las esquirlas de mica y de hematita reflejan la luz, de ahí su nombre.

Esta piedra suave al tacto es igualmente suave para la mente, pues la apacigua, la calma. Este efecto calmante es valioso para las personas nerviosas, impulsivas, que pierden rápidamente el control de sí mismas. Para combatir estas manifestaciones intempestivas, deben llevar en el bolsillo un pequeño huevo de aventurina y, cuando sientan que sube la presión, acariciarlo (o guardarlo en el hueco de la mano)… y todo volverá al orden.

La energía suave que genera la aventurina conlleva una limpieza emotiva en profundidad, una auténtica depuración de las emociones. Un bienestar particular se desprende de ello, todavía más porque reenvía la energía negativa a la persona o elemento del entorno que la produce, como un espejo reflectante. Este poder es muy valioso para las personas estresadas, hipersensibles a las fluctuaciones del entorno. Así, cuando en el trabajo, en la oficina o en cualquier otro lugar, taller, etc. estemos rodeados de personas con influencia negativa, será útil protegernos con aventurina.

Lejos de la calma y de la serenidad ligadas a la aventurina, los norteamericanos, infinitamente más prosaicos, hacen de ella una piedra para atraer el dinero. Sin duda a causa del color: ¡billete verde (dólar), piedra verde (aventurina)! Y esto es probablemente lo que explica el éxito de los péndulos de aventurina entre los radiestesistas que se dedican a buscar los números ganadores de la lotería y similar. Los talismanes de aventurina triunfan en Estados Unidos en particular entre los aficionados al juego. Antes de entrar en un casino a probar suerte (y pasar a veces días enteros delante de las máquinas tragaperras de los casinos de Las Vegas o de Atlantic City), muchos de ellos compran un talismán de este tipo, por si les sirve.

Uno de los beneficios que también genera la aventurina es el de la depuración de miedos residuales y angustias. Facilita un sueño profundo, sin pesadillas.

Cuando consideramos todas las ventajas de esta piedra, es fácil comprender que los péndulos emisores de aventurina, al igual que los péndulos egipcios, despierten tanto entusiasmo.

La litoterapia, por su parte, recomienda el uso de la aventurina en la curación de enfermedades de la piel, como eccemas, urticaria y alergias. Se emplean dos métodos: o bien se sumerge la aventurina durante toda la noche en un recipiente lleno de agua y por la mañana se aplica con compresas esta agua cargada de los poderes calmantes y suavizantes de la piedra o se bebe un elixir de aventurina, en el que el agua conserva la memoria de sus vibraciones sutiles.

LA LABRADORITA

Se trata de una piedra muy original por su característica particular de cambiar de color en función de cómo se la oriente respecto a una fuente luminosa. Piedra de aspecto ordinario, oscura, gris, una vez pulida se aclara como por encanto según la orientación, en un centelleo magnífico de matices azulados.

La labradorita reserva muchas sorpresas gracias a estas «irisaciones» maravillosas (el adjetivo se queda corto), que llegan mucho más allá del azul en el espectro cromático. De hecho, hay una variedad de labradorita proveniente de Finlandia que se conoce como espectrolita: sus irisaciones multicolores abarcan todos los tonos del arcoíris. Esta propiedad específica recibe el nombre de «labradorescencia». La palabra *labradorita* viene de la región canadiense en la que fue descubierta, Labrador.

La labradorita funciona a la vez como esponja y como escudo: absorbe las energías negativas de nuestro entorno, los males y las penas de los demás... y de este modo nos protege de su efecto destructor. Es la piedra indicada para todas aquellas personas en contacto diario con el sufrimiento de los demás, por ejemplo el personal sanitario (médicos, enfermeros, auxiliares de enfermerías, etc.). Evita que absorbamos los problemas, dificultades e incluso enfermedades de los demás. Los litoterapeutas recomiendan la labradorita para estimular nuestras propias capacidades de autosanación. Es una piedra que dinamiza la regeneración física y mental, propiedad muy útil cuando se está extremadamente cansado, agotado tanto física como mentalmente.

Por otra parte, la labradorita borra los traumas del pasado, incluidos los de la primera infancia (algunos van más lejos e incluyen los de las memorias anteriores). Crea un nido protector en el que volver a conectarse y reencontrarse consigo mismo tras una prueba o enfermedad.

Por último, la labradorita tiene fama de facilitar las relaciones de amistad. Es, pues, la piedra de las personas solas que llevan mal su soledad.

Los péndulos de labradorita permiten trabajos de una gran sutileza en las áreas que acabo de mencionar.

LA SODALITA

La sodalita es un mineral alcalino infrasaturado de silicio (al contrario que el cuarzo, por consiguiente) cercano a la familia de los feldespatos. Se presenta generalmente como una masa amorfa, pues sus cristales, raros, son dodecaedros romboidales. Es su color lo que llama la atención, de un azul magnífico, denso, oscuro, opaco, profundo.

La sodalita es una piedra fundamental en la litoterapia, pues tiene fama de beneficiosa en distintas áreas:

- Equilibrio del sistema endocrino.
- Regulación de las secreciones pancreáticas.
- Normalización del sistema linfático.
- Alivio de las tensiones nerviosas.
- Estimulación del metabolismo digestivo.
- Regulación de la tensión arterial.

En radiestesia médica, los péndulos de sodalita se utilizan a la altura del chakra de la garganta y el tercer ojo. La sodalita es un mineral que aporta serenidad, calma las tensiones y canaliza las energías. Favorece la confianza en uno mismo y permite superar los miedos con su aporte de valentía. Se dice que equilibra la polaridad macho-hembra y estructura la personalidad, que ayuda a arraigarse, que procura estabilidad y que favorece nuestras relaciones con el prójimo, nuestra capacidad para comunicar.

EL OJO DE TIGRE

El ojo de tigre es una variedad muy particular de cuarzo, opaca, de un color dorado magnífico que va del amarillo oro al marrón intenso. Su nombre se debe a la forma original de sus «venas» de color, por analogía con el pelaje del tigre.

Es la piedra de protección por excelencia, ya que nos protege contra:

- El *mal de ojo*.
- Las influencias negativas.
- La gente pesimista.
- La *contaminación* (física y mental).

El ojo de tigre tiene, en cierto modo, un efecto espejo que reenvía todo aquello que puede hacernos daño a su punto de partida, al reflejarlo. Esta piedra búmeran se utiliza para romper un hechizo.

Es un mineral que favorece la concentración y permite centrarse en lo esencial, bajo todos los puntos de vista, para poder avanzar. Como potencia un mejor conocimiento de uno mismo ocultando nuestras angustias y ayudándonos a superar nuestros bloqueos emocionales, el ojo de tigre permite también (y esta no es su menor virtud) superar los problemas de dinero.

En radiestesia médica, el ojo de tigre es conocido por:

- Estimular las defensas inmunitarias.
- Favorecer la convalecencia tras una operación.
- Frenar los procesos degenerativos.
- Calmar el dolor articular, muscular y otros.
- Acelerar la regeneración de los tejidos y epitelial.

Todas estas razones explican el éxito de los péndulos fabricados con ojo de tigre.

EL ÁMBAR

El ámbar es único debido de su naturaleza original: no es una piedra propiamente dicha, pues no es un mineral que forme parte de la corteza terrestre. Se trata de una resina fósil que se formó en el Oligoceno, hace aproximadamente cincuenta millones de años. No es más que sabia de la conífera *Pinites succifera*, una variedad de pino, que se ha fosilizado. De hecho, los romanos la llamaban *succinum*, es decir, «piedra de la sabia». Esta resina fósil se presenta bajo una forma amorfa (no cristalizada), en nódulos transparentes o translúcidos, de un brillo vidrioso.

Su color amarillo varía de más pálido a más oscuro (marrón); la de color miel es la más hermosa.

Como toda resina, el ámbar arde cuando se expone a una fuente de calor. Su lenta combustión desprende un agradable olor aromático que recuerda al perfume de la resina del pino, lo cual es lógico. Al igual que el incienso, la combustión del ámbar tiene una virtud purificadora. La habitación en la que se quema ámbar se purifica. Esto explica el éxito del ámbar en la fabricación de péndulos emisores poderosos.

El ámbar tiene otra particularidad que recuerda a la de la magnetita, aunque en un grado menor: es un imán natural. Si se frota la superficie de un pedazo de ámbar con un paño, enseguida atrae los cuerpos ligeros: briznas, trocitos de papel... Esta propiedad magnética del ámbar tiene múltiples aplicaciones beneficiosas en el área de la litoterapia que coinciden con las de la magnetita, principalmente la acción analgésica. Toda persona aquejada de reúma sentirá alivio si lleva un collar de ámbar.

Otra particularidad del ámbar (ciertamente, no le faltan) es lo que en ocasiones incluye sorprendentemente en su interior. En el Oligoceno, hace cincuenta millones de años, cuando la resina del pino empezó a petrificarse, su naturaleza viscosa y pegajosa atrapó todo tipo de sustancias minerales, animales o vegetales. Por eso en el ámbar se pueden encontrar fragmentos de corteza, briznas... y también una fauna muy variada que va desde la mosca hasta la abeja, desde el lagarto pequeño hasta el escorpión. Esos animales se vieron *aprisionados* en la resina en proceso de fosilización, y hoy los encontramos intactos en el interior del ámbar, varias decenas de millones de años más tarde. La ciencia ficción se ha hecho eco de estos fenómenos de inclusiones extrañas. El punto de partida del argumento de la película de Steven Spielberg *Parque Jurásico* es un fragmento de ámbar que conservaba intacto el ADN de un animal prehistórico.

Como los árboles del Oligoceno quedaron cubiertos bajo el agua durante mucho tiempo, el ámbar fósil de hoy en día procede del mar. De ahí que los yacimientos de ámbar más hermosos se encuentren en el litoral del mar Báltico o en las costas de la República Dominicana.

A menudo el ámbar se asocia a la inmortalidad. La bebida que volvía inmortales a los dioses griegos era una mezcla de ambrosía y ámbar (ambas comparten la misma raíz griega, *ambrotos*, que significa «inmortal»). Como es lógico, esto explica el gran éxito del que ha gozado el ámbar desde la noche de los tiempos en todos los continentes y civilizaciones, desde la Antigüedad hasta nuestros días. Podríamos hablar de la universalidad del ámbar. Al evocar la inmortalidad, está asociado a la vida eterna y considerado desde siempre como una verdadera panacea, capaz de sanar todos los males. Las pirámides egipcias contienen estatuillas de ámbar, al igual que las tumbas etruscas, fenicias y caldeas. Los griegos lo consagraban a Zeus, el dios de los dioses, inmortal entre todos, y quemaban ámbar en los templos dedicados a él. Los gladiadores romanos llevaban ámbar encima como un amuleto para no morir en la arena. Tradición que encontramos de nuevo, más tarde, en la Alta Edad Media, porque los vikingos atribuían su invencibilidad al ámbar que llevaban en la armadura.

El éxito en estas prácticas es comprensible. Un collar de ámbar protege contra el *mal de ojo*, contra todos los peligros, contra las enfermedades. El ámbar aporta seguridad, longevidad y salud. Su alta energía vibratoria de origen magnético, que reproduce cincuenta millones de años de fuerza contenida, purifica el organismo, lo regenera, lo revitaliza, lo estimula. El ámbar da nuevas fuerzas a las personas más cansadas, física y mentalmente. Según algunos litoterapeutas, también permite reencontrar la juventud perdida, la vitalidad.

En el plano sexual, el ámbar trae la armonía a la pareja, un disfrute compartido. Estimula la libido perezosa y la falta de vigor en el hombre y combate la astenia sexual en la mujer y la bajada progresiva del deseo en ambas partes.

EL CORAL

Al igual que el ámbar y la perla, el coral no es una piedra propiamente dicha ni un mineral, pero por lo general se incluye en la litoterapia porque esta hermosa sustancia está compuesta por carbonato de calcio, como la calcita mineral. El coral es, efectivamente, de origen orgánico. Se trata de esqueletos calcificados de pequeños animales, los celentéreos, que tienen la particularidad de estar formados por un pie, en un extremo, y por una boca rodeada de tentáculos en el otro. Los esqueletos de estos animales se calcifican al contacto con el agua de mar y se acumulan por millones formando arrecifes coralinos. En ocasiones la acumulación es tan importante que terminan constituyendo un atolón, es decir, un arrecife coralino continuo, con forma de anillo, alrededor de una pequeña isla emergente por encima del mar. El conjunto de agua de mar situado entre el atolón coralino y la isla se llama «laguna».

Existen corales de todas las tonalidades de rojo y de rosa; los más apreciados son los rojos, llamados «nobles». En gemoterapia, el color rojo del coral le confiere de forma natural unas virtudes beneficiosas para la circulación de la sangre. De un color parecido a la sangre uterina, se asocia a la fertilidad femenina, a los ciclos menstruales (en Italia se dice incluso que la mujer que porta consigo una joya de coral verá cómo se modifica el color del mismo según el momento del ciclo menstrual en el que se encuentre).

El coral simboliza la vida, la maternidad. Estimula la energía vital. Pero tiene otra indicación más importante, la de favorecer la reconstrucción de los huesos tras una fractura. Hoy en día se utiliza, de hecho, en cirugía reparadora ósea, porque favorece los injertos. Sirve para combatir la desmineralización y la descalcificación. La mujer posmenopáusica que sufre de una pérdida de sustancia ósea (osteoporosis), se sentirá bien si lo lleva puesto. Y los péndulos emisores de coral son muy apreciados en radiestesia médica.

LA AMATISTA

Piedra beneficiosa, piedra del amor, piedra de la salud, de la paz... Los apodos de la amatista dan fe del reconocimiento universal que tiene esta piedra, debido a sus múltiples propiedades en todas las áreas, incluida la radiestesia.

Es de un espléndido color violeta, que abarca todos los tonos, desde el azul lavanda hasta el morado oscuro, con sublimes matices púrpuras. Se trata de un cuarzo coloreado por óxido de magnesio. La amatista más hermosa proviene actualmente de Brasil y de Madagascar, pero se encuentra repartida a lo largo y ancho del mundo.

Los caballeros que partían a las cruzadas llevaban un rosario de amatista bendecido por los hombres de la Iglesia que predicaban aquellas cruzadas, destinadas a liberar los lugares santos. La tradición es que los obispos lleven un anillo de amatista que ayuda a todo el que lo besa. De ahí otro de sus apodos: la «piedra del obispo».

Si seguimos en la cristiandad, ¿no era una amatista lo que decoraba el anillo de compromiso que le ofreció José a la Virgen María? De ahí su asociación con ciertos símbolos, como la castidad, la sabiduría, la sinceridad, la serenidad, la modestia o la humildad. Las personas que carecen de estas virtudes se beneficiarán si llevan una amatista y verán cómo se transforma su vida. Por otra parte, la amatista es la piedra de los enamorados, porque san Valentín llevaba una. Esto le confiere ciertos valores relacionados con la pureza del amor, la ternura, el respeto mutuo y la cortesía.

La amatista aporta sensatez. Está indicada para las personas extravertidas, fogosas y temperamentales. Su nombre proviene del griego (*a* es un prefijo privativo, y *méthys* se traduce como «alcohol»). Etimológicamente, la amatista es, pues, la piedra que previene de la embriaguez. De hecho, en la Antigüedad, el vino se servía en copas de amatista (a menudo decoradas con la cabeza de Baco) para incitar a la moderación.

De forma más general, hoy, los litoterapeutas aconsejan la amatista en caso de intoxicación: por alcohol, pero también por tabaco, café y drogas diversas… Cuando se ha bebido demasiado, podemos colocar una amatista en un vaso de agua antes de dormir y bebernos esta agua por la mañana al levantarnos.

La amatista purifica. Es esta virtud la que explica su utilización clásica en medicina del hábitat: una geoda de amatista en el salón purifica el ambiente y procura una relajación del cuerpo y de la mente. Hay geodas de amatistas de todos los tamaños. En algunos museos, como el Museo de Historia Natural de París (en el *Jardin des Plantes*), se conservan geodas gigantescas, generalmente traídas de Brasil, ¡en las que cabe un hombre entero!

Además de en forma de geoda, la amatista se encuentra por lo general disponible en cristales aislados, como los cristales de cuarzo, que pertenecen a la misma familia. Estos cristales se extraen de fracturas graníticas, de fallas en el seno de las rocas cristalinas. Curiosamente, las águilas buscan los afloramientos de filones de amatistas de alta montaña para construir sus nidos, como si fueran conscientes de que esta piedra violeta va a proteger a su prole. La amatista posee, de hecho, una función protectora contra la intemperie, las tormentas, el granizo o el rayo.

Los innumerables poderes de la amatista se extienden por otras áreas. Por ejemplo, en la de la lucha contra el envejecimiento de la piel. Santa Hildegarda hizo de ella una panacea con sus prescripciones de frotar un cristal de amatista contra la piel para no envejecer ni marchitarse y prevenir las arrugas.

Remedio milagroso para ciertos litoterapeutas, dotada de vastos poderes absolutos, la amatista aparece en sus tratamientos de forma omnipresente.

Otra indicación: colocar un cristal de amatista bajo la almohada mejora el sueño, lo hace más profundo y elimina las pesadillas. La amatista calma el miedo y las angustias. Armoniza los desequilibrios nacidos de la bipolaridad del yin y el yang.

La amatista violeta representa la simbiosis entre el cuerpo (rojo) y la mente (azul). Al fusionarse, el rojo y el azul originan la perfecta síntesis de lo material y lo espiritual, que se expresa en el violeta. Las vibraciones sutiles de la amatista abren la consciencia, aumentan el espacio de meditación y estimulan la imaginación y la inspiración. Piedra del altruismo, la amatista fomenta una mayor humanidad.

EL GRANATE

El granate es un silicato compuesto de silicio y asociado a un gran número de metales: calcio, magnesio, hierro, manganeso, aluminio, cromo, etc. Según sus proporciones, el color de los granates varía sensiblemente, con el rojo como color dominante.

Los granates más buscados son el almandino (rojo-marrón con matices violetas), la grosularia (naranja oscuro-marrón), el piropo (rojo sangre), la rodolita (rojo magenta matizado con violeta), etc. En joyería, se diferencia entre los granates de color rojo oscuro, llamados «masculinos», y los de color rojo claro, llamados «femeninos».

Esta piedra tan apreciada se llama así por analogía con el color de la pulpa de la fruta de la granada (*granatum*, en latín). Sus cristales tienen a veces un tamaño excepcional, como los que adornan el relicario de Hungría o el tesoro de Viena, los famosos granates de Bohemia.

Tradicionalmente el granate se ha asociado a la sangre por su color rojo dominante. Se dice que favorece la circulación de la sangre y el buen funcionamiento del corazón.

Es una piedra «calurosa», que calienta, dinamiza, estimula, vivifica y regenera. Esto explica que se utilice en la fabricación de algunos péndulos emisores muy específicos y dedicados a efectuar algunos trabajos muy precisos en radiestesia.

Las personas asténicas y cansadas se sienten mejor cuando llevan un granate para recuperar fuerzas. Es, por excelencia, la piedra de los anémicos, siempre por su color rojo, que evoca la sangre. También es la piedra destinada a las mujeres con reglas difíciles y dolorosas.

En el antiguo Egipto, se colocaba un granate en la cuna del recién nacido para protegerlo. Los cruzados llevaban granates para evitar las hemorragias provocadas por las posibles heridas. En Oriente, en la Grecia antigua y en Roma, se usaban como talismanes protectores contra el envenenamiento de la sangre.

El granate se luce para demostrar fidelidad. Antiguamente, las viudas elegían joyas de granate cuando querían hacer público que permanecían fieles a la memoria de su difunto esposo. En el movimiento *New Age* los jóvenes se regalan granates para demostrar su fidelidad.

MADERAS UTILIZADAS EN LA FABRICACIÓN DE PÉNDULOS

Como complemento a este capítulo dedicado a la litoterapia resulta útil evocar las tres maderas específicas que se utilizan en la fabricación de ciertos péndulos: el boj, el palisandro violeta y el ébano. Existe, de hecho, un parentesco entre lo vegetal y lo mineral, pues, como sabemos, algunos árboles se transforman en silicio con el tiempo. Por eso en ciertas regiones del globo hay bosques enteros de madera «silicificada» (transformada en cuarzo, calcedonia, ágata, etc.), con la que luego se fabrican tableros de mesa (una vez serrados y pulidos los troncos). De modo que no es ninguna incongruencia situar en el capítulo sobre los minerales la información referente al material vegetal con el que a veces se fabrican los péndulos.

El boj

El boj es la esencia vegetal más utilizada en la fabricación de los péndulos de madera por una razón de peso: es la segunda madera más dura del mundo vegetal, justo después del ébano (su nombre, *buxus*, viene de la palabra griega *bycnos*, que significa «denso», por su extrema dureza).

Este arbusto de origen mediterráneo, vivaz, de follaje perenne, abunda en el «arte topiario» de la decoración de jardines (junto con el ciprés y el laurel). Esta práctica antigua data de la época romana: el follaje del boj se trabaja como si se tratara de piedra esculpida, dándole al arbusto la forma de un animal o de una figura mitológica.

Pero no es el follaje del boj lo que nos interesa en la fabricación de los péndulos, sino su madera, que es extraordinaria: no solo es muy dura y densa, de grano apretado,* sino que, además, es suave al tacto una vez pulida y agradable de ver por su color claro, amarillo pálido.

Desde tiempos inmemoriales, este arbusto ha gozado del aprecio de los torneros en la fabricación de:

* Mangos de herramientas muy sólidos.
* Mangos de cuchillos.
* Instrumentos de música (flautas, lutería).
* Juguetes para niños (cuando todavía eran de madera).
* Bolas de petanca (antes se hacían de madera y no de hierro, lo cual demuestra la solidez de esta madera, capaz de resistir a los numerosos choques).

Sin olvidar la fabricación de péndulos, especialmente recomendados para los radiestesistas principiantes, por encima de los péndulos de metal, de cristal o de piedra.

Los ingleses llamaban *box* al boj, y lo han utilizado siempre, precisamente, para fabricar cajas sólidas,** joyeros de piedras preciosas, etc. El boj sirve también para fabricar el mazo de las logias masónicas, con todo el simbolismo que tiene de firmeza, así como el de los subastadores.

Finalmente, y en otro plano muy distinto, cómo no mencionar el poder simbólico de las ramas del boj (volvemos al follaje), que evoca la inmortalidad y la resurrección,

---

* Fibra de madera caracterizada por la gran proximidad entre los anillos anuales. También llamada de grano cerrado o de grano denso.
** *Box* es 'caja' en inglés.

razón por la cual está presente en las ceremonias cristianas la semana antes de Pascua. En el campo, la gente cuelga una rama de boj en la cabecera de la cuna de los recién nacidos como amuleto de la suerte.

El palisandro violeta

El palisandro violeta es una de las variedades más preciadas de una madera exótica, el palisandro, que cuenta también con una variedad rosa. Es un árbol magnífico, originario de Brasil, cuyo tronco se eleva hasta los veinte metros de altura y que tiene la particularidad de presentar una madera de color violeta, veteada de negro, de grano apretado, densa y dura.

Su denominación botánica es *Dalbergia cearensis.* Los ingleses lo llaman *Kingwood*,[*] y esto lo dice todo: para ellos, es el «rey» de la madera en lo que se refiere a:

- Ebanistería.
- Marquetería.
- Fabricación de tableros y piezas de ajedrez, damas, dados, etc.
- Frisos y revestimientos de muebles de diseño.
- Torneado de madera.

La fabricación de péndulos de palisandro violeta se incluiría en esta última categoría. Los péndulos de palisandro violeta se distinguen de otros péndulos de madera por su color, sin igual en el mundo vegetal: más oscuro que el boj (amarillo) pero menos que el ébano (negro).

---

[*] En inglés, *King* es 'rey' y *wood* es 'bosque, madera'.

El ébano

El ébano es la madera más dura, razón por la cual tiene tanto éxito en el arte del torneado: con él se pueden llegar a esculpir unas formas comparables a las que se consiguen con un bloque de mármol. Llama también la atención por su color: perfectamente negro. Ya en el antiguo Egipto muchas obras de arte se creaban con ébano, como lo atestiguan los tesoros descubiertos en las tumbas. El Nilo permitía transportar el ébano desde los bosques y las profundidades de África hasta orillas del Mediterráneo. Hoy, por desgracia, escasea en la selva virgen del África ecuatorial (debido a la sobrexplotación) y se importa de Madagascar, Indonesia y la India. La variedad más preciosa de ébano es la llamada «de Macasar», proveniente de las islas Célebes.

En la India, el ébano despierta devoción y desde siempre ha servido para esculpir los cetros imperiales y los objetos que amueblan los lujosos palacios que allí se encuentran. La variedad coromandel del ébano de Macassar se reconoce por estar veteada de gris y salpicada de marrón, lo cual le proporciona unos matices de belleza exótica.

Durabilidad y belleza: estas son las dos razones que explican que se utilice el ébano en la fabricación de péndulos y que estos sean particularmente buscados por ciertos radiestesistas.

Capítulo 6

LA SALUD DEL RADIESTESISTA

LA NEUTRALIZACIÓN DE LOS METALES PESADOS Y LA PURIFICACIÓN DEL ORGANISMO

No dejaré nunca de repetirlo: la condición primera del éxito en radiestesia está ligada a una *neutralidad* lo más perfecta posible. Si no, el fracaso está asegurado.

No obstante, hay un parámetro en el que no se suele pensar de forma espontánea cuando se aborda este tema, y es la intoxicación del organismo por metales pesados, plomo y mercurio especialmente. De forma insidiosa pero inevitable, los metales pesados acumulados en nuestros tejidos interfieren en la calidad del trabajo del radiestesista, pues emiten una radiación perturbadora, dañina y maléfica. El plomo y el mercurio, por no hablar de los demás, producen unas ondas particularmente nocivas, teniendo en cuenta su «peso» molecular. Todo radiestesista que desee progresar (y debe de ser tu caso, puesto que elegiste leer esta obra de vocación pedagógica e iniciática) ha de emprender una «neutralización» de los metales pesados que acumula en su organismo desde hace años.

Seguirá una «purificación» progresiva, de manera que los metales pesados cada vez interferirán menos en tu trabajo y terminarán por no influirte en absoluto cuando finalices tu quelación definitiva. El porcentaje de fracasos habrá disminuido igualmente y el éxito habrá aumentado, objetivo que persigue todo radiestesista.

El plomo y el mercurio (y el resto de los elementos que enumeraré más adelante):

- Asfixian las células.
- Sobrecargan la sangre.
- Saturan los tejidos (huesos, músculos, nervios).
- Obstruyen los órganos encargados de filtrarlos (hígado, riñones).
- Afectan a las funciones respiratorias, intestinales, cerebrales, etc.

La lenta intoxicación del organismo, dañina para el buen trabajo del radiestesista, no solo está provocada por el plomo y el mercurio, sino también por muchos otros elementos, cada cual más tóxico. Se calcula que estamos en contacto con más de veinte mil productos químicos, cuyas consecuencias nefastas para nuestro organismo desconocemos por completo. Y nuestro organismo es, no lo olvidemos, el último eslabón de la cadena alimentaria de la naturaleza.

Este envenenamiento (no tiene otro nombre) está causado por la acetona, el amianto, el amoniaco, el anhídrido sulfuroso, el antimonio, la plata, (nitrato, cloruro, bromuro, yoduro), el arsénico, el bario, el benceno, el cadmio, el carbono (óxido, monóxido, dióxido), el cloro, el cobalto, el cianuro, la dieldrina, el estaño, el etanol, el hexaclorocicloexano, el sulfuro de hidrógeno, el hidróxido de sodio, el lindano, el mercurio, el metanol, el naftaleno, los nitritos, los organoclorados, los organofosforados, el paradiclorobenceno, los fenoles, el fosgeno, el plomo, el protóxido de azote, el talio, el tolueno, el tricloroetileno, el xileno, etc.

Algunos de estos contaminantes, como el plomo y el mercurio, tienen una particularidad patógena: no se degradan durante el catabolismo digestivo y penetran en el organismo a través de la interfaz de microvellosidades de la mucosa intestinal. A continuación, se acumulan en el cerebro, dificultan la neuromediación y provocan dolores de cabeza crónicos, mareos, convulsiones nerviosas, trastornos de comportamiento por exceso de agresividad y, de forma general, una gran fatiga nerviosa.

Por eso estos metales pesados son un freno para el radiestesista, que necesita toda su *concentración* (consulta el apartado «Los factores del fracaso en radiestesia», en la página 50). Y por eso es conveniente, si queremos progresar en radiestesia, llevar a cabo una neutralización de estos tóxicos.

Tomaremos un solo ejemplo, el del mercurio, metal de gran peligrosidad y objeto de una campaña de sensibilización en Europa y Estados Unidos a propósito de su utilización en empastes dentales de amalgama. Antiguamente no se utilizaba la palabra *empastar*, sino que se hablaba de *emplomar*, palabra derivada de *plomo*. Emplomar un diente significaba sellarlo con una amalgama que contuviera una aleación de mercurio (50 %), plata (30 %), estaño (10 %) y otros metales.

¡Mercurio en la boca! Algo tan extremadamente tóxico, como reveló el drama de la bahía de Minamata en los años cincuenta. Esta bahía es una ensenada natural del extremo sur de Japón, bañada por el océano Pacífico. Los ribereños, que llevaban siglos viviendo de la pesca, alimentándose a base de arroz y de pescado, empezaron a caer gravemente enfermos de manera progresiva, hasta padecer demencia. Comenzaron a nacer bebés con hidrocefalia, trisomía y malformaciones horribles. Se descubrió que la causa era el vertido al mar de las sales de mercurio de una fábrica metalúrgica instalada en la orilla de la bahía poco tiempo antes.

Las personas que comían el pescado contaminado por el vertido, es decir, la totalidad de la población, se vieron afectadas por los efectos irreversibles que la concentración de mercurio en el líquido cefalorraquídeo provocaba en el cerebro. La resonancia de este drama provocó la primera toma de conciencia pública sobre los efectos dañinos de la contaminación para la salud y el surgimiento en Estados Unidos (principal país contaminante) de los primeros movimientos en defensa de los consumidores.

Sobre todo, gracias a la valiente lucha del abogado Ralph Nader.

Aún hubo que esperar una treintena de años para que el drama de Minamata repercutiera de forma directa en nuestra vida cotidiana con la creciente sensibilización ante el problema de la composición de las amalgamas dentales. El inicio de la reivindicación data de 1993 y se produjo en Estados Unidos. La principal empresa estadounidense fabricante de amalgamas fue condenada aquel año por un tribunal de California a pagar trescientos mil dólares en concepto de daños e intereses. Además, la condena se acompañaba de una norma que obligaba a todas las clínicas dentales a exponer en sus salas de espera un cartel que informara de los riesgos para la salud de los empastes de mercurio.

La Organización Mundial de la Salud (OMS) tomó partido contra los empastes de amalgama alertando a las mujeres embarazadas: el mercurio penetra en el feto a través de la placenta y envenena al bebé que va a nacer. La OMS recomienda la extracción de los empastes de amalgama antes de un embarazo y señala que la lactancia de una madre con empastes de amalgama es peligrosa. Desde entonces, se han ido multiplicando los estudios al respecto, cada cual más alarmante. Estos estudios inciden sobre el aumento del riesgo de cáncer y de efectos degenerativos cerebrales (demencia senil precoz = enfermedad de Alzheimer).

La neurotoxicidad se debe a la penetración del mercurio en el organismo en dosis infinitesimales (pero *infinitamente* perjudiciales y nocivas) por insalivación, inhalación y difusión en sangre pura y dura, a través de los capilares de los maxilares, altamente vascularizados. De forma lenta pero segura se va depositando en el organismo. Para eliminar ese mercurio, los naturópatas prescriben *chlorella*, que es un quelador muy activo.

La estructura membranosa de la *chlorella* es lo que permite la quelación. En efecto, la *Chlorella pyrenoidosa* es un microorganismo unicelular eucariota cuyas células están rodeadas por tres membranas:

- Una membrana externa y una membrana interna de arquitectura macromolecular similar a la de las fibras de la celulosa de las plantas, que forma una malla de una densidad notable (estas «microfibrillas celulósicas membranosas» atrapan los restos de los metales pesados).
- Una membrana intermedia que contiene una sustancia propia de la *chlorella*, llamada esporopolenina, que fija los elementos captados por las dos membranas que la rodean y no solo los retiene, sino que los absorbe, como un papel secante o una esponja.

La combinación de estas dos acciones simultáneas (captación + absorción) es lo que posibilita la fenomenal depuración del organismo que consigue la *chlorella*. Se puede hablar de purificación.

La *chlorella* actúa así con otros metales pesados distintos al mercurio y con el resto de los productos tóxicos citados anteriormente. Invito a todos los radiestesistas que quieran progresar a reducir las causas de fracaso y mejorar su porcentaje de éxito con una cura a base de *chlorella* que neutralice y elimine estas sustancias que contaminan el cerebro y entorpecen el trabajo.

EL ALIVIO DE LAS ARTICULACIONES (MUÑECA Y CODO)

En radiestesia, hay dos articulaciones que se utilizan especialmente: la muñeca y el codo. Esto se debe a los movimientos asociados a la sujeción del péndulo:

- Antebrazo horizontal, que hace trabajar al codo.
- Mano en cuello de cisne, que hace que trabaje la muñeca.

De modo que hay dos problemas articulares que amenazan a cualquier radiestesista, sobre todo si las sesiones son largas y repetidas:

- El síndrome del túnel carpiano, que afecta a la muñeca.
- La epicondilitis, que afecta al codo.

A continuación describiré someramente estas afecciones reumáticas y recomendaré algunas terapias naturales específicas.

El síndrome del túnel carpiano

La muñeca es una articulación muy particular del cuerpo humano, porque no se limita a conectar dos huesos (como la mayoría de las articulaciones) o tres, sino que es el punto de convergencia de quince huesos diferentes (radio, cúbito, los ocho huesos del carpio y los cinco del metacarpio).

Se entiende, por tanto, la gran densidad y la extrema complejidad de la red de tendones y ligamentos de la muñeca. Sin contar el túnel carpiano, del que tanta gente padece. El síndrome del túnel carpiano afecta a las personas cuya muñeca se emplea permanentemente en el ejercicio de su profesión: aquellos que escriben largo rato al teclado o aquellos cuyo trabajo implica movimientos repetitivos de flexión y extensión de la muñeca (tallado, manipulación, ensamblaje, etc.), sin olvidar a los radiestesistas, a causa de la tensión muscular y tendinosa que implica el posicionamiento particular de los dedos de la mano (posición llamada «en cuello de cisne»); es la articulación de la muñeca la que sufre.

El túnel carpiano es una especie de «tubería» en la cara anterior de la muñeca, recubierta por el ligamento anular anterior, un verdadero canalón que da paso a los tendones del pulgar y el resto de los dedos y al nervio mediano, responsable de la inervación sensitiva de los dedos. La compresión del nervio mediano provoca el síndrome del túnel carpiano, a la vez un problema mecánico (y por tanto *motor*) y sensitivo.

Las mujeres lo padecen más que los hombres, sobre todo a partir de los cincuenta, debido a las modificaciones hormonales de la menopausia y a la osteoporosis.

Son los movimientos repetitivos de flexión y extensión de la muñeca los que derivan en el síndrome del túnel carpiano. Y esto es lo que ocurre en radiestesia, pues la sujeción del péndulo «cansa» la muñeca. Hay evidentemente lateralidad, es decir, preeminencia de la mano dominante (ya se sea diestro o zurdo), la que sujeta el péndulo.

La manifestación del síndrome del túnel carpiano es especialmente dolorosa y genera:

- Parestesia en los dedos (sobre todo por la noche), es decir, picores, hormigueo, adormecimiento, etc.
- Torpeza en movimientos elementales de la vida cotidiana: sujetar un libro o un periódico, agarrar un objeto como el mango de la cacerola, el cepillo de dientes… o, todavía con más razón, un péndulo (se vuelve imposible sujetarlo con el pulgar y el índice, por muy ligero que sea, incluso de 10 g).
- Fuerte dolor que irradia hasta el codo e incluso la espalda.
- Inflamación de la muñeca.

La inflamación de los tendones provoca esta compresión dolorosa del nervio mediano, situado en el túnel carpiano. El hecho de que empeore durante la noche se debe a que, en posición tumbada, aumenta la presión de la sangre en la muñeca y el drenaje se efectúa peor que estando de pie. Durante el día, la inflamación y el dolor terminan imposibilitando la actividad profesional. Es una causa importante de baja laboral. La cirugía resulta entonces necesaria para liberar los tendones comprimidos. Si quieres evitar una intervención quirúrgica, pues una operación nunca está exenta de riesgo, puedes actuar de la siguiente manera:

- Inmovilizando la muñeca con una ortesis.
- Con antiinflamatorios naturales como:
  - » *Harpagophytum* (procedencia: África).
  - » *Boswellia serrata* (procedencia: África).
- Con un masaje, dos veces al día, con un bálsamo analgésico y antiinflamatorio como, por ejemplo, el Bálsamo del Tigre, a base de mentol, alcanfor y aceites esenciales.
- Llevando una pulsera de cobre. (Descubre las virtudes antiinflamatorias y analgésicas de las pulseras de cobre en la obra de Jean-Paul Jacquemet, *Le bracelet de cuivre, l'anti-doleur naturel* [La pulsera de cobre, el analgésico natural].

Antes de comenzar la sesión de radiestesia, conviene quitarse la pulsera de cobre, que es doble y poderosamente emisora (por su forma abierta y porque está hecha de metal), para que no haya interferencias ondulatorias entre el péndulo y la pulsera.

Y en cuanto hayas terminado el trabajo y guardado el péndulo, te apresurarás a ponerte de nuevo la pulsera de cobre en la muñeca, a la que debes prestar toda tu atención para que permanezca apta para la radiestesia.

La epicondilitis

La epicondilitis es la inflamación del epicóndilo, nombre que recibe la apófisis saliente y rugosa del codo, situada por encima y por fuera del cóndilo convexo de la extremidad del húmero. El húmero es el hueso del brazo cuya parte superior se articula con el omoplato y cuya parte inferior se articula con los huesos del antebrazo gracias a una epífisis formada por dentro por la tróclea y por fuera por el cóndilo. Las inserciones musculares se hacen en ese nivel por dos apófisis, la epitróclea y el epicóndilo.

El codo es la articulación que une el húmero a los huesos del antebrazo (el radio y el cúbito). La inflamación del epicóndilo (o epicondilitis) se suele llamar «codo de tenista» porque suele afectar a los tenistas. Los radiestesistas están igualmente expuestos a la inflamación del epicóndilo debido a la posición del antebrazo, que hay que mantener horizontal, posición que no es natural.

A la altura del epicóndilo se insertan:

- El tendón del bíceps, responsable de la flexión del antebrazo.
- El ligamento lateral externo del codo.
- Los tendones de los músculos extensores de los dedos y de la muñeca (que se emplean en la sujeción del péndulo).

La epicondilitis es la inflamación dolorosa de toda esta zona del codo de naturaleza tendinosa, ligamentaria y ósea. Es una lesión mecánica y el dolor puede ser intenso e incapacitante: dejamos de poder agarrar objetos con la mano, ni siquiera el mango de la cacerola… ¡o el péndulo! ¡Llegamos hasta a evitar darle la mano a alguien para no hacernos daño!

El tratamiento implica una férula o una ortesis, además de la toma de analgésicos y antiinflamatorios. No me cansaré nunca de decirlo: los efectos secundarios de una terapia médica como esta son difíciles de soportar para el organismo, especialmente para la mucosa gástrica.

Afortunadamente, la fitoterapia ofrece una alternativa natural. Como en el caso del síndrome del túnel carpiano, aconsejo:

- Por vía interna: *Harpagophytum* y *Boswellia serrata*.
- Por vía externa: masajes con Bálsamo de Tigre.
- Aplicar por la noche, localmente, por ambas partes del codo lesionado, cuatro discos magnéticos (se fijan con discos adhesivos) invirtiendo su polaridad.
- Dos veces al día, por la mañana al levantarnos y por la noche al irnos a dormir, aplicar dos imanes por ambas partes del codo, invirtiendo las polaridades (puedes encontrar información útil sobre los discos magnéticos y los imanes en el libro de Jean-Paul Jacquement, *Les Aimants, clés du bien-être* [Los imanes, clave del bienestar].

Con los imanes destinados a aliviar el codo hago las mismas recomendaciones que con la pulsera de cobre para calmar la muñeca: cuando se trabaja en radiestesia no se deben llevar ni discos magnéticos ni imanes porque condicionarían los movimientos del péndulo por su radiación magnética.

Descubre cuanto antes las virtudes de la pulsera de cobre y de los imanes para mantenerte «en forma» como radiestesista.

ESTIRAMIENTOS FAVORABLES PARA LA PRÁCTICA DE LA RADIESTESIA

Ya lo he dicho varias veces: la práctica de la radiestesia requiere que se esté en plena forma física y mental. En lo relativo a lo mental, anteriormente hablé de los remedios naturales que existen para estimular la capacidad de concentración. En lo que a la forma física se refiere, te propongo algunos ejercicios de estiramiento destinados a prevenir el cansancio y a mantenerse en forma.

Importante:

- Mantén cada posición diez segundos antes de realizar el movimiento siguiente.
- Repite cada movimiento tres veces seguidas, sistemáticamente.

He aquí los diez movimientos que recomiendo:

Movimiento n.° 1

De pie, levanta los brazos tan alto como puedas por encima de la cabeza, estirando al máximo la espalda.

Estiramiento: parte alta de la espalda, bíceps.

Movimiento n.º 2

Dobla las rodillas, las caderas hacia atrás, el torso inclinado hacia delante, paralelo al suelo, los brazos doblados como un esquiador.

Estiramiento: glúteos, muslos, parte baja de la espalda.

Movimiento n.º 3

De pie, desliza un brazo a lo largo del cuerpo hasta la rodilla sin inclinarte hacia delante y levanta el brazo opuesto por encima de la cabeza.

Estiramiento: cintura abdominal.

Movimiento n.º 4

Estira ambos brazos detrás de la espalda juntando las manos, tira de los brazos hacia atrás y arquea el torso.

Estiramiento: espalda, torso.

Movimiento n.º 5

Inclínate hacia delante para colocar el torso paralelo al suelo sin doblar las piernas, levantando ambos brazos por detrás de ti y manteniéndolos siempre muy rectos.

Estiramiento: nalgas, muslos, hombros, bíceps.

Movimiento n.º 6

Con una pierna doblada, estira la pierna opuesta hacia atrás, con los dedos de los pies apoyados en el suelo y el torso muy derecho, vertical.

Estiramiento: muslos, nalgas, abdominales.

Movimiento n.º 7

Ponte de rodillas. A continuación, echa las caderas hacia atrás para apoyar las nalgas en los talones y lleva el mentón contra el pecho. A medida que bajas el torso hacia el suelo, extiende los brazos hacia delante en prolongación con los hombros.

Estiramiento: espalda, hombros.

Movimiento n.º 8

Haz el movimiento n.º 3 invirtiendo los brazos.

Estiramiento: cintura abdominal.

Movimiento n.º 9

Haz el movimiento n.º 6 invirtiendo las piernas. Estiramiento: muslos, nalgas, abdominales.

Movimiento n.º 10

Ponte en cuclillas separando los pies, que apuntan hacia el exterior, mantén la espalda muy derecha y apoya los codos sobre los muslos, tirando de los omoplatos hacia atrás.

Estiramiento: torso, interior de los muslos, nalgas.

CUADRANTES EN BLANCO

Testigo

BIBLIOGRAFÍA

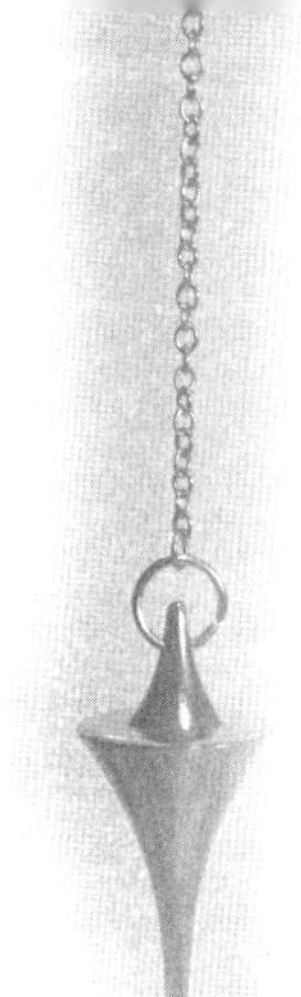

AURIVE Marc, *Le Grand Livre de la radiesthésie*, Trédaniel, 1997.

______*Curso práctico de radiestesia*, Susaeta, 1999.

BAUDIN Bernard, *Comment pratiquer la radiesthésie*, Retz, 1989.

DE BELIZAL André y CHAUMERY Léon, *Essais de radiesthésie vibratoire*, Dangles, 1986.

BIRD Christopher, *El gran libro de la radiestesia*, Martínez Roca, 1993.

COQUELLE Dominique, *Le Pendul'or*, Trajectoire, 1997.

CROZIER J.-L. y MANDORLA J., *ABC de la radiestesia*, Susaeta, 1995.

DE FRANCE Henri, *Radiesthésie théorique et pratique*, Desforges, 1985.

FANGAIN Jocelyne, *Cours complet de radiesthésie*, Trajectoire, tomo 1, 2005, tome 2, 2007.

______*Cours complet de radiesthésie médicale*, Trajectoire, 1996.

______*Le Grand Livre des pendules*, Trajectoire, 2002.

______*Encyclopédie des pendules*, Trajectoire, 2012.

______*Planches-Cadrans de radiesthésie médicale*, Trajectoire, 2017.

FELSENHARDT Robert, *La Réalité de la radiesthésie*, Magellan, 1994.

LE GALL Maurice, *Toute la radiesthésie en neuf leçons*, Dervy, 1991.

HEIME D., *Nouvelle méthode de radiesthésie*, Maison de la radiesthésie, 1952.

JACQUEMENT Jean-Paul, *Le bracelet de cuivre, l'anti-doleur naturel*, Deliver, 2004.

_____*Les Aimants, clés du bien-être*, Deliver, 2003.

_____*Las lámparas de cristal de sal: las vitaminas del aire*, Deliver, 2018.

JURION Jean, *La Radiesthésie, techniques et applications*, Belfond, 1976.

DE KERSAINT Jean-Pol, *Cómo practicar la radiestesia: una guía práctica sobre esta técnica y sus aplicaciones*, Edaf, 1997.

KIRCHNER Georg, *Pendule et baguette*, Éditions Le Jour, 1983.

LACROIX-À-L'HENRI René, *Manuel théorique et pratique de radiesthésie*, Dangles, 1970.

_____*Théories et procédés radiesthésiques*, Dangles, 1972.

_____*Manuel de radiesthésie. Cours complet, théorique et pratique de radiesthésie pour tous*, Dangles, 1975.

LAVALOU Yvon, *Nouveau guide de la radiesthésie*, Éditions de L'inconnu, 1991.

LUZY Antoine, *L'Éducation radiesthésique, Formation compléte et profonde du radiesthésiste moderne*, Dangles, 1950.

_____*Le Perfectionnement radiesthésique, Contribution nouvelle à la formation du radiesthésiste moderne, nouveau procédé pour faciliter les recherches*, Dangles, 1952.

_____*La radiestesia moderna: teoría y práctica completamente explicadas*, Mundi Prensa Libros, 1976.

_____*Le Mystère et la Vérité en radiesthésie*, Dangles, 1954.

_____*La Recherche radiesthésique dans le temps et l'espace*, Dangles, 1954.

MAGER Henri, *La Vérité sur la radiesthésie. Ses bases scientifiques, ses méthodes, ses possibilités*, Dangles, 1947.

MERMET Abad, *Comment j'opére pour découvrir, de près ou à distance, sources, métaux, corps cachés, maladies*, La Maison de la radiesthésie, 1995.

MOINE Michel, *La radiestesia*, Martínez Roca, 1984.

MOLARD Joseph, *Comprendre, apprendre, pratiquer la radiesthésie*, Dervy, 1983.

MÜLLER Helmut, *Los fantásticos poderes del péndulo. Significado, interpretación, adivinación*, De Vecchi, 1994.

PEYRÉ Raymond, *Les Radiations cosmo-telluriques*, Energeia, 2014.

ROCARD Yves, *Le Signal du sourcier*, Dunod, 1963.

_____*Les Sourciers*, Presses universitaires de France, 1981.

_____*La Science et les Sourciers. Baguettes, pendules*, Dunod, 1981.

SERRES Paul, *La Vérité sur la radiesthésie. Ses bases scientifiques, ses méthodes, ses possibilités*, Dunod, 1947.

SERVRANX Félix, *Vos débuts en radiesthésie*, Servranx, 1992.

TRESSEL Pierre, *La Pratique de la radiesthésie*, Alsatia, 1952.